すぐに役立つ

建築基準法・
消防法の
法律知識

弁護士
木島 康雄 ［監修］

三修社

はじめに

　建築基準法は、建築物の、敷地・構造設備・用途に関する最低の基準を定めて、国民の生命・健康・財産の保護を図ることを目的として制定された、建築法規の根幹をなす法律です。1950年（昭和25年）に制定された法律ですが、地震、台風といった災害や「耐震偽装」のような社会問題となった事件や経済情勢などを背景に、時代の要請に即した改正が幾度も行われています。

　また、火災は、一度発生すると、建築物や人に重大な被害をもたらします。そこで、火災をあらかじめ防ぐとともに、発生した火災がもたらす被害を最小限に食い止めるためのルールが必要になります。火災の予防・警戒・鎮圧を目的に制定された法律が消防法です。

　消防法は、学校、病院をはじめ、事業場や百貨店など幅広い施設の所有者や管理者に対して、消防用設備等の必要な設備の設置義務を課しています。特に企業の防災担当者には、火災について、消防法や建築基準法上の安全確保のための措置をとることが求められています。

　本書は建物を建てる際、あるいは改修工事を行う際に、最も重要な建築基準法と消防法の基本事項や全体像について知りたいと思っている人のための入門書です。制度を理解するための用語や基本事項などを図解なども豊富に盛り込み、平易に解説しているのが特長です。

　第1章で建築基準法の基本事項、第2〜4章では道路・用途地域・斜線制限の法律問題、防火対策と避難施設、構造基準と室内環境保護についてとりあげています。また、第5章で消防法の基本事項について解説した上で、第6章でさまざまな消火設備について解説しています。法令には改正がつきものですが、最新の法改正の内容に対応させています。

　本書を活用いただくことで、建築基準法と消防法について理解を深めていただければ監修者として幸いです。

監修者　弁護士　木島　康雄

Contents

第3章　防火対策と避難施設

第4章　構造基準と室内環境保護

第5章　消防法の基本と消火設備

第6章　さまざまな消防用設備

第1章

建築基準法の基本

建築基準法とはどんなことを規定している法律なのでしょうか。

建築物について、さまざまな最低の基準を規定している法律です。

建築基準法とは、建築物の敷地や構造、設備および用途に関する最低の基準を定めている法律であり、それによって国民の生命や健康、財産の保護を図ることを目的としています。

建築物は、所有者の財産であることから、本来は、どのような建築物をどのような用途・目的で建築するかは、所有者が自由に決められるはずです。しかし、建築物は、他人の土地や建築物、道路などに用途によっては不特定多数の人が利用することもあるなど、公的な側面もあります。建築基準法は、この点を考慮し、社会全体の利益を損ねないように、建築物の敷地、構造、設備および用途について必要最低限の基準を定めています。

なお、建築基準法の条文の中には、「政令で定める」「国土交通省令で定める」といった文言が多数見られ、詳細な内容については建築基準法の中ではなく、政令や国土交通省令に規定しています。ここでいう「政令」とは、建築基準法施行令のことであり、「国土交通省令」とは、建築基準法施行規則のことです。

●建築基準法の特長

建築基準法は、昭和25年（1950年）に制定された法律ですが、社会情勢の変化や建築技術の進歩などにあわせて、頻繁に改正されています。建築物を建てようとする際には、最新の建築基準法が定める内容

や基準に沿ったものでなければなりません。

　建築基準法の規定は、「制度規定」と「実体規定」に分類することができます。

　制度規定とは、建築基準法内に出てくる用語の定義や建築物を建てる際の手続きの他、建築に関係する資格の検定機関、建築審査会、罰則などの規定をいいます。

　これに対し、実体規定とは、建築物の敷地や構造、設備、用途といった建築物に直接関係する規定をいいます。実体規定は、さらに「単体規定」と「集団規定」に大別されます。

　実体規定のうち、単体規定とは、個別の建築物について遵守すべき最低限の基準に関する規定です。建築物の屋根や防火壁、居室の採光・換気、便所、電気設備など、建築物がどこに建てられるのかに関係なく、単体としての建築物それ自体の安全を守ることを目的として、さまざまな基準が設けられています。

　これに対し、実体規定のうち、集団規定とは、その建築物が建築される周辺地域との関係で遵守すべき基準に関する規定のことです。敷地と道路の関係や建築物の用途、用途地域（48ページ）ごとの建ぺい率や容積率などの最低基準などが定められています。

　単体規定は全国どこに建てられる建築物であっても同様に適用されます。これに対し、集団規定は、条例による制限を除き、都市計画区域（27ページ）・準都市計画区域内に建てられる建築物のみに適用されます。

●建築基準関係規定とは

　建築物を建築する際には、その建築物が法令にのっとって建築されているかを判断するために、確認申請や検査といった手続きがとられます。その際、建築基準法や建築基準法施行令が基準とされることはもちろんですが、この他にも建築基準法施行令9条に定められた法律（消防法、屋外広告物法、駐車場法、水道法、下水道法、宅地造成

及び特定盛土等規制法、都市計画法、特定都市河川浸水被害対策法など）が確認申請や検査の基準となります。これらの法律は、「建築基準関係規定」と呼ばれます。

　他にも、高齢者、障害者等の移動等の円滑化の促進に関する法律（通称「バリアフリー法」）や都市緑地法、建築物のエネルギー消費性能の向上に関する法律も建築基準関係規定に含まれます。バリアフリー法では、高齢者、障害者などが利用する特定建築物の建築基準を規定しています。

●建築物に関するさまざまな関連法がある

　建築基準関係規定以外に、建築物の建築について一定の規制をしている法律として、以下のようなものがあります。

・学校教育法、幼稚園設置基準など
・風俗営業関連規制、公衆浴場法など
・医療法、食品衛生法、火薬類取締法など
・住宅品確法、特定住宅瑕疵担保責任履行確保法、耐震改修促進法など

■　建築基準法の目的 ……………………………………………………

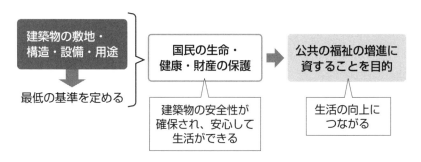

建築基準法が適用されるのは、どのような建築物でしょうか。

日本国内の建築物に適用されますが、文化財など一定の建築物には適用されません。

　建築基準法は、日本国内のすべての建築物に適用されます。ただし、一部の建築物については、建築基準法の全部または一部が適用されないことになっています。

　建築基準法の全部または一部が適用されない建築物とは、①既存不適格建築物（同法3条2項）、②文化財建築物（同法3条1項）、③保護建築物（同法85条の2、85条の3）、④簡易構造建築物（同法84条の2）、⑤仮設建築物（同法85条）です。このうち②については建築基準法の全部の内容が適用されません。①③④⑤には、同法の一部の内容が適用されないことになります。以下、見ていきましょう。

●既存不適格建築物

　建築基準法の改正や命令や条例に基づく規定が変更された場合に、それ以前にはそれらの規定に適合していた建築物が、規定に適合しなくなる事態は起こり得ます。しかし、過去にさかのぼって法律を適用するわけにはいきませんから、それ以前にはそれらの規定に適合していた建築物については、改正後の法律等の規定に適合していなくても合法建築物とみなします。このような建築物を、既存不適格建築物といいます。法律改正等によって規定が変更された時点（基準時）で既に存在していた建築物と、その時点で建築（増築・改築を含む）中、修繕中、模様替え中だった建築物との両方が既存不適格建築物として

認められます。

●文化財や保護建築物

文化財建築物には建築基準法は一切適用されません。文化財建築物には次の4種類があります。

① 文化財保護法で、国宝、重要文化財、重要有形民俗文化財、特別史跡名勝天然記念物、史跡名勝天然記念物として指定等がされた建築物

② 旧重要美術品等の保存に関する法律で重要美術品等として認定された建築物

③ 条例によって現状変更の規制や保存の措置がとられている「保存建築物」のうち、建築審査会が同意し、特定行政庁（市町村長や都道府県知事）が指定したもの

④ 上記の①②や保存建築物の原形を再現する建築物のうち、その原形の再現はやむを得ないと建築審査会が同意し、特定行政庁が認めたもの

●簡易構造建築物

簡易構造建築物については、建築基準法の防火規定の一部の適用が除外されます。簡易構造建築物には、開放的簡易建築物と帆布建築物とがあります。

開放的簡易建築物とは、壁のない建築物など、高い開放性を有する建築物または建築物の一部分であり、1階建てで、床面積が3,000㎡以内で、間仕切り壁のないものです。他にも一定の基準に合致しなければなりません。建築物の用途は、①自動車車庫、②スケート場、水泳場、スポーツの練習場等の運動施設、③不燃品の物品の保管やそれと同等以上に火災発生の危険性のない用途、④畜舎、堆肥舎、水産物の増殖場・養殖場に限定されます。

帆布建築物とは、屋根と外壁が帆布などの材料で作られている建築物または建築物の一部分であり、1階建てで、床面積が3,000㎡以内で、

間仕切り壁のないものです。他にも一定の基準に合致しなければなりません。用途は、開放的簡易建築物の場合の②③④に限定されます。なお、開放的簡易建築物、帆布建築物のいずれにおいても、建築物の一部分の場合は、準耐火構造の壁等で区画された部分に限られます。

●仮設建築物

仮設建築物には、以下の4種類があります。

① 非常災害の際の一般の応急仮設建築物

非常災害（地震や洪水等の自然災害など、日常的には発生しない突発的な事象により発生する災害）が発生した際に、特定行政庁（市町村長や都道府県知事）が指定する区域内では、災害発生日から1か月以内に工事を開始する場合、災害によって壊れた建築物の修繕や一般の応急仮設建築物の建築に際しては、建築基準法の規定は適用されません。ただし、防火地域内に建築する場合は例外となります。

一般の応急仮設建築物には、ⓐ国、自治体、日本赤十字社が災害救助のために建築する建築物と、ⓑ被災者が自分で使用するために建築する延べ面積30㎡以内の建築物、があります。

② 災害が発生した際に建築する停車場、官公署等の公益上必要な応

■ 簡易構造建築物の構造基準 ……………………………………………

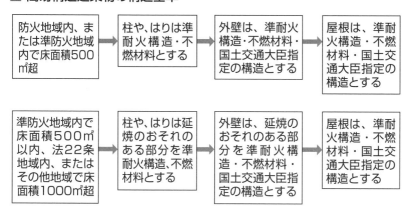

急仮設建築物

　建築基準法上の、建築申請や確認、中間検査、完了検査、敷地の衛生・安全、屋根・外壁、建築材料の品質、災害危険区域、および都市計画区域関連（同法第3章）などの規定が適用除外となります。ただし、防火地域・準防火地域内にある延べ面積50㎡超の建築物については、都市計画区域関連の規定のうち屋根の規定（同法62条）は適用除外とはなりません。

③　工事を施工するために現場に設置する事務所、下小屋、材料置場等の仮設建築物

　建築基準法の一部の規定は適用されません。適用が除外される規定は、②の公益上必要な応急仮設建築物の場合と同じです。また、それ以外に政令の規定の一部も適用を除外されます。

④　仮設興行場、博覧会建築物、仮設店舗等の一般の仮設建築物

　仮設建築物については、報告・検査等の一部、屋根・外壁、便所、および都市計画区域関連の規定（同法第3章）などが適用を除外されます。また、政令の規定の一部も適用を除外されます。

■ 開放的簡易建築物の構造基準 ……………………………………………

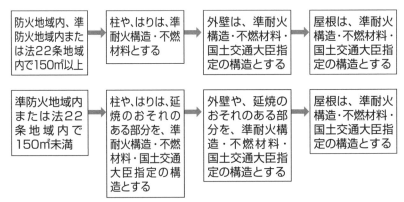

建築基準法では、建築物の敷地についてどのように定めているのでしょうか。

敷地の衛生面と安全面の観点から、一定の基準が設けられています。

敷地とは、基本的には、1つの建築物が存在するひとかたまりの土地をいいます。2つ以上の建築物が存在する土地は、建築物ごとに別々の敷地とみなされます。ただし、2つ以上の建築物が存在する土地の場合でも、それらの建築物の用途が不可分の関係にあるときは、1つの敷地とみなします。建築物の用途が不可分の関係にある例としては、住宅と物置、学校における教室棟と講堂などがあります。逆に、病院における病棟と職員寄宿舎などの用途は可分だとみなされます。建築基準法では、敷地の衛生と安全に関して以下の4点が定められています。

① 敷地は、接している道路との境界よりも高くなければなりません。また、建築物の地盤面は、接している周囲の土地よりも高くなければなりません。ただし、排水に問題がない場合や湿気防止の必要がない場合は、例外が認められます。

② 湿潤な土地や出水の可能性の高い土地、ごみなどを埋め立てた土地の場合は、盛土、地盤改良などを行わなければなりません。

③ 汚水や雨水を排出・処理するための下水（雨水）管、下水（雨水）溝、ためますなどを設置しなければなりません。

④ がけ崩れなどのために建築物が被害を受ける危険性がある場合、土留めのための壁（擁壁）などを設置しなければなりません。

敷地面積について教えてください。

敷地面積は、土地や建物が水平であるとみなして算定されます。

敷地面積とは、敷地の水平投影面積（土地や建築物を真上から見たときの面積）のことです。敷地は、平坦なものばかりではなく、傾斜や凹凸がある場合もあります。水平投影面積は、このような傾斜や凹凸を考慮しないで、土地や建物が水平であるとみなして算定します。

通常は、隣地境界線と道路境界線で囲まれた範囲内での水平投影面積が、敷地面積となります。4m以下の細い道路に面している土地の場合、道路中心線から2mの部分は敷地面積として算入されません。また、建築物から見て道路の反対側が崖や川で、それ以上道路を広げることができない場合には、反対側の道路境界線から4mの部分は敷地面積として算入することができません。

原則として、1つの建築物が建っているひとかたまりの土地が1つの敷地となります。ただし、複数の建築物が建っている土地でも、それぞれの建築物が不可分な用途で用いられている場合には、複数の建築物が建っている土地の全体が1つの敷地となります。

なお、都市計画区域内の建築物の敷地には、原則として幅員（道路の幅のこと）4m以上の道路が2m以上接している必要があります。また、敷地の上で人が生活することになるので、敷地は衛生的で安全なものにしなければなりません。そのために前ページで述べた4点の措置を講じるように定められています。

建築物の地盤面や軒高について教えてください。

地盤面は、建築物の高さを測るための基準面です。

斜面に立つ建築物の接地面の高低差における平均の位置を地盤面といいますが、これが建築物の高さを測る際の始点となります（道路斜線の規定による高さの算定には、道路中心線からの高さとなります）。たとえば、斜面に立つ建築物の接地部分の高低差が3mある場合には、ちょうど真ん中の1.5m地点が地盤面となり、そこからこの建築物の高さが測定されることになります。

なお、「接地部分の高低差が3mを超える場合」には、「3mごと」に地盤面があると考えることになります。

●軒の高さ（軒高）

「軒の高さ（軒高）」とは、地盤面から建築物の小屋組や横架材を支える壁や柱の上端までの高さをいいます。柱の他にも、横架材を支える壁などを測定対象とすることもあります。

木造建築物の場合には地盤面から敷桁上端（柱の上部を連結しているけたの上端）まで、鉄筋コンクリートや鉄骨造の建築物では地盤面から最上階のはりの上端までの高さが軒の高さになります。

なお、例外として、「地盤面」に代わり前面道路の路面の中心から軒高を算定する場合もあります。

■ 地盤面とは

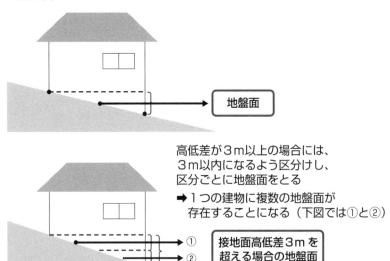

地盤面

高低差が３ｍ以上の場合には、
３ｍ以内になるよう区分けし、
区分ごとに地盤面をとる
➡ １つの建物に複数の地盤面が
　存在することになる（下図では①と②）

① ②

接地面高低差３ｍを
超える場合の地盤面

■ 軒の高さについて

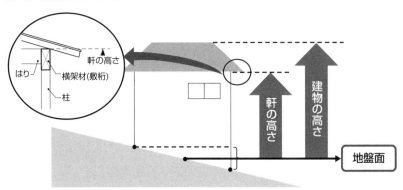

軒の高さ

はり　　横架材（敷桁）

柱

軒の高さ

建物の高さ

地盤面

建築物の階数について教えてください。

建築基準法では地階も含めて階数を算定します。

建築物の規模を表す意味の言葉に「～階建ての建築物」というような形で用いられる階数というものがあります。普段、私たちは当たり前のように使っていますが、建築基準法上は少し注意が必要です。

一般に用いられる「階数」という言葉の用法（階数の数え方）と比べて、建築基準法上の「階数」という言葉で意味合いが異なる点は、建築基準法上の階数は「地上階と地階の合計」であるということです。地階とは地下の階層のことですが、地階と地上階を合わせた数が建築物の「階数」となります。

一般には、地上階の部分だけを指して「何階建て」という表現が用いられることがありますが、建築基準法では地階を合わせて算定するということになります。

●どのように数えるのか

前述のように、階数は、地階と地上階を合計して数えます。たとえば、地上5階、地下2階の建築物は、「階数7の建築物」となります。

建築物の構造が特殊（吹き抜けなど）な場合などにおいては、最大の部分の階数がその建築物の階数とされます。ホテルや大規模なショッピングセンターなどで見られるような2階層・3階層、あるいはそれ以上にわたって吹き抜けが設けられているような建築物は、吹き抜け部分で階数を数えるのではなく、最大部分の階数がこの建築物

の階数となります。つまり、2階層分の吹き抜け構造は階数1ではなく階数2と数えるのです。また、屋上のペントハウス・物見塔などや、地階の倉庫・機械室などの水平投影面積が、その建築物の建築面積の8分の1以下の場合は階数に算入されないことになっています。

　なお、階数に算入されないペントハウス・物見塔・地階の倉庫などについては、延べ面積には算入されます。

■ 階数について ……………………………………………………………

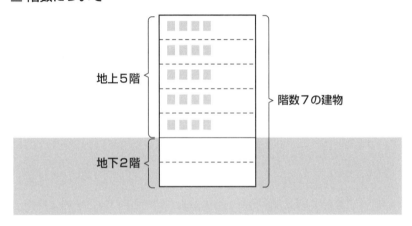

■ 階数の数え方 ……………………………………………………………

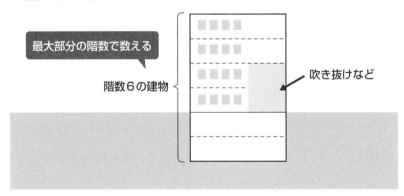

建築物の基礎について教えてください。

建築物の基礎は建築物の重量を支える重要な構造です。

　建築物を建てるためには、その建築物の重量を支える基礎が必要です。基礎とは、建築物の力を地盤に伝え、建築物を安全に支える機能をもつ建築物の下部構造をいいます。この基礎部分に不具合があると、建築物全体の安全性が脅かされてしまいます。平成27年（2015年）に発覚した旭化成建材株式会社のデータ流用や改ざん事件によって、基礎の重要性を再認識された人も多いのではないでしょうか。

　建築基準法施行令38条によると、建築物の基礎は、建築物に作用する荷重等を安全に地盤に伝え、かつ、地盤の沈下や変形に対して構造耐力上安全であると認められなければならないと規定されています。具体的には、高さ13m、または延べ面積3000㎡を超える建築物で、建築物に作用する荷重が最下階の床面積1㎡につき100キロニュートンを超える建築物は、基礎の底部が、良好な地盤に達していなければなりません。各地盤の強度については、建築基準法施行令93条に示されており、たとえば、岩盤 に長期に生じる力に対する強度（許容応力度）は、1㎡あたり1000キロニュートンであると規定されています。

　なお、基礎の設計上、建築物全体を支える地盤のことを支持地盤といいます。

●N値に適した地層の調査が地盤調査である

　N値とは、地層の硬さを示す値です。数字が小さいほど軟らかい地

層であり、数字が大きいほど硬い地層であることを表します。そして、建築物に適したN値以上の地層がどこに存在するかを調べる作業のことを地盤調査といいます。

　地盤調査は、ボーリング調査（標準貫入試験）という方法で行われます。簡単にいうと、サンプラーと呼ばれるパイプ状のものを、自由落下させたハンマーで打ち、サンプラーが30cm貫入するための打撃回数を数えるという方法で行われ、この回数がN値となります。安全な基礎を設計するために欠かせない作業となります。

●杭基礎とは

　地盤が硬い台地などに建築物を建設する場合には、地盤を数m掘るだけで十分な基礎を作ることができます。しかし、川や海の周辺など、軟弱な地盤においては、浅い基礎では建築物を支えることができないため、深く杭を打ち込み建築物を支える杭を打ち込みます。これを杭基礎といいます。なお、かなり重量があるRC造の大規模マンションなどでは、何十〜何百という数の杭が打たれます。

■ マンションにおいて杭が届いていなければならない深さ …………

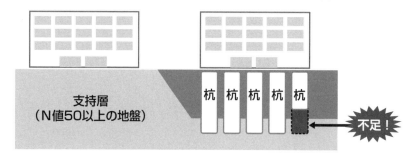

建築確認とはどのようなものなのでしょうか。

違法な建築物を防ぐために、建築物の工事を開始する前に行われるチェックです。

　建築確認とは、建築物や工作物などが建築基準法や建築物を建てる際のさまざまな規制を守っているかどうかを、建築物を建てる前に行政が事前にチェックをする制度です。原則として、建築確認を受けた後でなければ工事を開始することができません。

　建築確認は、建築物の工事に着手する前に「建築主」が申請することで行われます。建築確認は、建築主事や指定確認検査機関が行います。建築主事には、建築基準適合判定資格者で登録者のうち、都道府県知事や市町村長により任命された地方公共団体の職員がなります。

　また、指定確認検査機関とは、国や都道府県の指定を受け、建築確認ができる民間の団体です。都道府県は建築主事を置かなければなりません。また、都道府県以外の地方公共団体も、政令で指定する人口25万人以上の都市であれば建築主事を置かなければなりません。

　なお、建築主は建築確認の申請とは別に、構造計算適合性判定の申請も行わなければなりません。判定申請は、都道府県知事または指定構造計算適合性判定機関の中から、建築主が選択した審査者に対して行います。建築主は、この判定結果に不服がある場合、審査請求をすることができます。

建築確認が必要となる建築物とはどのようなものでしょうか。

一定の規模以上の建築物を建築しようとする場合には建築確認申請が必要です。

建築確認が必要になる建築物には、以下のものがあります。

① 一定規模、用途の特殊建築物（１号建築物）

学校、体育館、病院、劇場、観覧場、集会場、展示場、百貨店などの用途に用いる建築物のことを特殊建築物といいます。この中でも特に耐火性が必要な特殊建築物については建築基準法別表第１に定められており、そのような用途に用いる床面積の合計が200㎡を超える場合には、建築確認が必要になります。

② 大規模な木造の建築物（２号建築物）

木造の建築物のうち、階数（21ページ）が３以上である建築物、延べ面積が500㎡を超える建築物、高さが13ｍを超える建築物、軒の高さが９ｍを超える建築物は、建築確認が必要になります。

③ 木造以外の建築物（３号建築物）

木造以外の建築物で、階数が２以上の建築物、延べ面積が200㎡を超える建築物は、建築確認が必要になります。

● その他の建築物について

上記の他、区域によっては建築する場合にのみ建築確認が必要になります。前述した①、②、③以外の建築物で、都市計画区域、準都市計画区域、景観法で規定する景観地区内、都道府県知事が関係市町村の意見を聴いて指定する区域内で建築物を建築する場合に建築確認が

必要になります（4号建築物）。

　都市計画区域とは、その地域をまとまりのある都市として開発し、整備をしていこうとしている地域のことです。

　準都市計画区域とは、都市計画区域外の区域のうち、相当数の建築物の建築や敷地の造成が現に行われ、あるいは見込まれている地域で、現況や今後の状況を考慮して土地利用の整序や環境の保全措置をせずに放置すると、将来の都市としての整備、開発、保全に支障が生じるおそれがある区域について、都道府県が指定する区域のことです。景観法で規定する景観地区とは、市街地の良好な景観の形成を図るために定められる地区のことです。

　また、高さ6mを超える煙突や、高さ4mを超える広告塔や広告板、高さ8mを超える高架水槽など、一定の規模を超える工作物を設置する場合にも建築確認が必要です。

●建築確認・検査の対象となる建築物の規模等の見直し

　建築基準法の改正により、令和7年（2025年）4月から、「4号建築物」は同法の条文から削除され、従来の「2号建築物」「3号建築物」は、「新2号建築物」「新3号建築物」に区分されることになります。

　新2号建築物は、木造2階建ての建築物、延べ面積が200㎡を超える木造平屋建てのことをいい、すべての地域で建築確認・検査が必要です。これに対し、新3号建築物は、延べ面積200㎡以下の木造平屋建てのことをいい、都市計画区域内に建築する際には、建築確認・検査が必要となることになります。

　また、新2号建築物は、すべての地域で構造の安全性の審査と省エネ基準の審査が必要であるのに対し、新3号建築物は、この審査は省略されることになります。

建築確認を受けるための手続きについて教えてください。

建築主が建築主事または指定確認検査機関に申請書などの書類を提出して行います。

　建築主は、建築確認が不要な建築物（次ページ図）を除いて、建築物の工事に着手する前に、建築確認申請を行わなければなりません。

　建築確認の申請は、建築主が建築主事や指定確認検査機関に申請することで行います。どちらに申請するかは建築主が判断します。建築物の設計や工事の監理は建築士が行います。建築士には一級建築士、二級建築士、木造建築士という種類があり、建築する建築物の種類によってどの建築士が設計・工事監理できるかが異なります。二級建築士と木造建築士はそれぞれ設計・工事監理できる建築物が制限されています（建築士法３条、３条の２、３条の３）。たとえば、延べ面積が1000㎡を超え、かつ、階数が２以上の建築物については、一級建築士でなければ設計・工事監理を行うことができません。

　建築士以外の者でも設計・監理が認められている一定の小規模建築物を除いて、申請内容が建築士法所定の建築士の設計・工事監理に基づかない計画の場合、建築確認申請は受理されません。そのため確認申請は、建築士が建築主の委任を受けて、代理で申請するケースがほとんどです。

●建築確認の手続きと必要書類

　建築確認の申請を行う際には、確認申請書と設計図書を提出します。設計図書とは建築物の設計内容を示すさまざまな書類のことで、設計

図書の内容としては、平面図、立面図などの図面の他、建築計画概要書などがあります。

建築計画概要書とは、確認申請書に記載された建築物の概要や検査の履歴と、配置図、案内図などを記載したもので、「特定行政庁は、この概要書をその建築物がなくなるまで、閲覧に供さなければならない」とされています。建築主から建築確認の申請があった場合、建築主事は一定期間内に建築計画が法令に適合するものであるかどうかを審査します。この期間は、１〜３号建築物（特殊建築物や大規模建築物）であれば35日以内、４号建築物（その他の建築物）であれば７日以内になります。

審査の結果、計画が法令に適合するものであることが判明した場合には、建築主事や指定確認検査機関は建築主に対して確認済証を交付します。

なお、指定確認検査機関が確認済証を建築主に交付した場合には、確認審査報告書を作成して特定行政庁（市町村長や都道府県知事）に提出することが必要です。

建築主事や指定確認検査機関が建築確認を行う場合には、消防長か

■ 確認申請の不要なもの ……………………………………………………

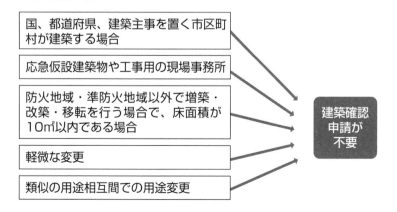

国、都道府県、建築主事を置く市区町村が建築する場合

応急仮設建築物や工事用の現場事務所

防火地域・準防火地域以外で増築・改築・移転を行う場合で、床面積が10㎡以内である場合

軽微な変更

類似の用途相互間での用途変更

建築確認申請が不要

消防署長の同意を得ることが必要です。ただし、防火地域、準防火地域以外の戸建て住宅の建築確認をする場合には、消防庁や消防所長の同意を得る必要はありません。

建築確認の手続きを経た結果、建築計画が法令に適合しないものであることが判明した場合や、申請書の内容からは法令に適合しているかどうかがわからない場合には、手続きが中断します。この場合、建築主は、期限内には確認ができないことについて、建築主事や指定確認検査機関から通知書の交付を受けることになります。

■ 建築確認手続きの流れ ···

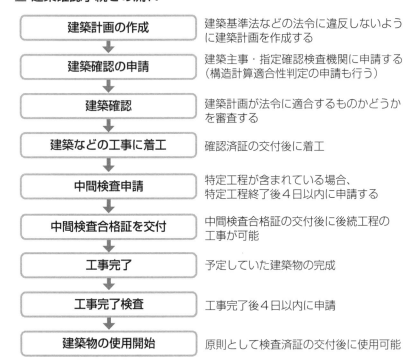

建築計画の作成	建築基準法などの法令に違反しないように建築計画を作成する
建築確認の申請	建築主事・指定確認検査機関に申請する（構造計算適合性判定の申請も行う）
建築確認	建築計画が法令に適合するものかどうかを審査する
建築などの工事に着工	確認済証の交付後に着工
中間検査申請	特定工程が含まれている場合、特定工程終了後４日以内に申請する
中間検査合格証を交付	中間検査合格証の交付後に後続工程の工事が可能
工事完了	予定していた建築物の完成
工事完了検査	工事完了後４日以内に申請
建築物の使用開始	原則として検査済証の交付後に使用可能

構造計算適合性判定とはどんな制度なのでしょうか。

建築物の構造計算が適正かどうかを第三者機関に判断してもらう制度です。

建築確認の申請が行われた建築物のうち、高度な構造計算を要する高さ20mを超える鉄筋コンクリート造の建築物など、一定規模以上の建築物については、都道府県知事または指定構造計算適合性判定機関による構造計算適合性判定が義務付けられています。近年の耐震偽装事件の反省から、一定の条件の建築物は、第三者による構造計算のチェックを行うことになったのです。

構造計算適合性判定が必要になる建築物とは、木造の建築物で高さ13mまたは軒高9mを超える建築物や、鉄骨造の建築物で地階を除く階数が4以上の建築物、RC造の建築物で高さ20mを超える建築物など、一定規模以上の建築物が該当します。

なお、令和4年（2022年）6月に公布された改正建築基準法に伴い、構造計算適合性判定が必要となる現行の「高さ13mまたは軒高9mを超える建築物」については、「階数3または高さ16mを超える建築物」へと拡大されることになりました。また、現行では、2階以下の木造建築物で延べ面積が500㎡を超える場合に構造計算が必要となりますが、改正後は、延べ面積が300㎡を超える場合には構造計算が必要となることになります。いずれの改正についても、施行日は公布の日から3年以内です）。

建築主は、「どの指定構造計算適合性判定機関等に判定申請をする

のか」、また、「いつ判定申請を行うのか」といったことを選択することが可能です。

　判定申請の際には、判定申請書（正本・副本）と、図書や書類の一式（意匠図、構造図、構造計算書等）の各2通ずつを準備し、指定構造計算適合性判定機関等に提出します。

　判定の結果、構造計算に適合性があると判断されると、申請者である建築主に適合判定通知書が発行され、判定申請書の副本と添付した図書等の一式が戻ってきます。その後、建築主は、適合判定通知書の写しと判定申請書副本及び添付図書等を建築主事等に提出し、建築主事等が内容に整合性があるかどうか確認するという流れになります。

　なお、構造計算適合性判定は原則として構造計算適合性判定を求められた日から14日以内に行うことになっています。

■ 確認申請と構造計算適合性判定申請の流れ ……………………………

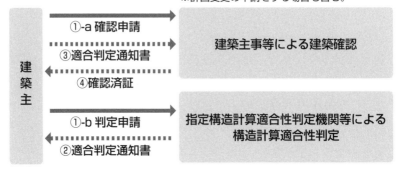

建築基準法上の中間検査について教えてください。

建築物の施工に不備がないかどうか、施工段階で検査をする制度です。

　建築主は、建築物の建築の過程に特定工程が含まれている場合には、特定工程が終了してから4日以内に中間検査の申請をする必要があります。特定工程には以下のものが該当します。

・3階以上の共同住宅の床とはりに鉄筋を配置する工事の工程のうち、2階の床とこれを支えるはりに鉄筋を配置する工事の工程

・特定行政庁（市町村長や都道府県知事）が、その地方の建築物の建築の動向や工事に関する状況などの事情を考慮して、区域・期間・建築物の構造・用途・規模を限って指定する工程

　中間検査の結果、建築基準の関係法令に適合するものであることが判明した場合には、建築主事や指定確認検査機関は建築主に対して中間検査合格証を渡すことになります。中間検査合格証を受け取らなければ、特定工程後の工程に着手することができません。

　なお、特定工程の検査を行い、その内容が法令に適合することが確認された部分については、完了検査が不要になります。

●仮使用承認制度

　特殊建築物などを使用するためには、建築確認や中間検査、後述する完了検査などを経て、検査済証を受け取る必要があります。ただし、例外として、特定行政庁（市町村長や都道府県知事）等が安全・防火・避難について支障がないと認めた場合には、検査済証を受け取る

前であっても、その特殊建築物等を仮使用することができる制度があります。

　この仮使用の承認は、特定行政庁（市町村長や都道府県知事）だけでなく、指定確認検査機関や建築主事も行うことができます。そのため、建築確認、中間検査、仮使用認定、完了検査という一連の手続きを、同じ指定確認検査機関で実施できることになり、手続きを円滑に進めることが可能になります。

　ただし、指定確認検査機関や建築主事が仮使用の承認をすることができる場合は、①工事部分と仮使用部分が防火上有効に区画されていること、②工事作業者等の経路と、仮使用部分を利用する者の経路が重複しないこと、③仮使用部分が建築基準関係規定に適合していること、という要件を満たしている場合に限られます。これら以外の、たとえば、避難施設等の代替措置を要する場合など、裁量性のある判断が伴うようなケースについては、従来通り特定行政庁の認定が必要になるので注意が必要です。

●**工事完了検査**

　建築主は、建築確認の申請をした建築物の工事を完了した場合には、工事が完了した日から4日以内に建築主事や指定確認検査機関に対して検査を申請する必要があります。建築主事や指定確認検査機関は、この申請を受理した日から7日以内に建築物が法令に適合しているものかどうかの審査を行わなければなりません。そして、建築物が法令に適合していると認めた場合には建築主に対して検査済証を渡します。

　原則として、1〜3号（26ページ）については、検査済証を受け取った後でなければ使用することができません。完了検査は、建築確認や中間検査を行った機関とは別の機関に申請することが可能です。

　なお、建築物は、適法に建築されるだけではなく、工事が終了した後も適法な状態を維持する必要があります。そのため、一定の建築物については、建築物の所有者は定期的に建築物の設備について建築士

等による調査を行い、結果を市町村長や都道府県知事に定期報告をしなければなりません。

　定期報告が必要な建築物・設備は、①１号建築物や、階数が５階以上である建築物で、延べ面積が1000㎡を超える建築物のうち、都道府県知事や市町村長が指定する建築物、②エレベーターやエスカレーターなどの設備のうち、都道府県知事や市町村長が指定する設備（昇降機）、などです。

●**計画変更について**

　建築確認を受けた建築物の計画を変更する場合には、原則として再確認が必要になります。ただし、軽微な変更の場合には、再確認が不要になります。

　軽微な変更とは、具体的には、①建築物の階数を減らす場合、②建築物の高さを低くする場合、③敷地に接する道路の幅員や敷地が道路に接する部分の長さを変更する場合、④床面積の合計を減らす場合など、どちらかと言えば変更前より変更後の方がより安全になるような変更が該当します。

■ **中間検査、工事完了検査のしくみ** ………………………………………

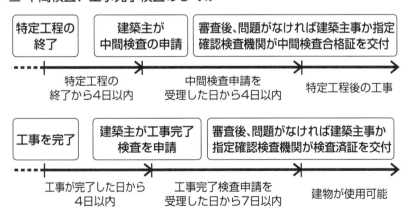

建築物の安全性のチェックはどのような機関が行うのでしょうか。

指定確認検査機関が、建築基準関連規定に適合しているかどうかの審査を行います。

　平成10年（1998年）以降、従来、建築主事のみが行ってきた建築確認や検査などの業務を、民間の事業者も行うための措置が講じられています。この建築確認や検査などの業務ができる民間の事業者のことを「指定確認検査機関」といいます。指定確認検査機関は、審査能力を備えていることを前提に、公平中立な立場から建築確認や検査などを行う必要があります。

　指定確認検査機関は、国土交通大臣または都道府県知事の指定を受けた上で建築確認や検査を行います。複数の都道府県にまたがって業務を行う場合には国土交通大臣の指定を受け、1つの都道府県で業務を行う場合には都道府県知事の指定を受けます。また、指定確認検査機関では、確認検査員が業務を行います。確認検査員は、建築基準適合判定資格者検定に合格し、国土交通大臣の登録を受けた者の中から選任されることになります。

●指定構造計算適合性判定機関

　構造計算適合性判定は、原則として都道府県知事が行うことになっています。しかし、都道府県知事以外に、指定された民間の事業者も構造計算適合性判定を行うことができます。この構造計算適合性判定ができる民間の事業者のことを「指定構造計算適合性判定機関」といいます。指定構造計算適合性判定機関の指定は、都道府県知事の他、

国土交通大臣も行うことができます。

　指定構造計算適合性判定機関は、構造計算適合性判定業務を行いますが、このうちの一部のみを行うことがあります。業務の一部のみを行った場合には、残りの業務は都道府県知事が行います。

　指定構造計算適合性判定機関が、指定確認検査機関としての業務も行っているケースがあります。この場合、指定確認検査機関として行った検査に続いて構造計算適合性判定を行うことはできません。構造計算適合性判定の第三者性、公正性を守るために、同じ建築物について確認検査と構造計算適合性判定の両方を行うことは禁止されているのです。構造計算適合性判定は、建築構造に対する専門知識をもった構造計算適合性判定員が行います。

■ 指定確認検査機関のしくみ ……………………………………………

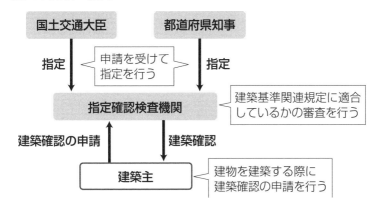

型式適合認定とはどんな制度なのでしょうか。

建築物が一連の規定に適合することを、国土交通大臣などが認定する制度です。

型式適合認定とは、建築物の部分が、構造耐力、防火・避難などの一連の規定に適合することをあらかじめ国土交通大臣（指定認定機関が指定されている場合はその機関）が認定することをいいます。

型式とは、それぞれの事業者が規定している規格に合致した工場で生産された製品のことをいいます。

プレハブ住宅の建材などは、異なる建築物であっても同じメーカーであれば、工場で生産された同じものが繰り返して使われます。そのため、1回チェックが行われれば、その後にまた審査を行う必要性は低いことから、型式適合認定が行われています。型式適合認定を行うことにより、個別のチェックを簡略化することができます。

型式適合認定の対象となるものは大きく2つに分けることができます。1つは建築物に関連するもので、もう1つは建築設備のうち独立性が高いものです。

建築物に関連するものとしては、建築材料が該当します。また、建築設備のうち独立性が高いものとしては、防火設備、非常用の照明装置、給水タンク、避雷設備などが該当します。

型式適合認定を受けたい場合には国土交通大臣に申請をする必要があります。申請の内容が技術的な基準に合致していれば、型式適合認定を受けることができます。

●型式部材等製造者認証

　安定した品質の部材を製造している事業者は、型式部材等製造者の申請を国土交通大臣に行い、型式部材等製造者の認証を受けることができます。型式部材等製造者認証は、規格化された型式の建築物の部分を製造・新築する者として、国土交通大臣（指定認定機関が指定されている場合はその機関）が認証するものです。

　型式部材等製造者の認証を受けるためには、工場での製造設備や製品の品質管理方法などが適切である必要があります。

　型式部材等製造者の認証を受けた場合、型式部材等を使用すれば、建築確認、中間検査、完了検査の手続きを簡単に行うことができます。これにより、通常は必要な手続きを行わずに済ませることができ、負担が軽減されます。

■ **型式適合認定制度の対象や申請方法** ……………………………………

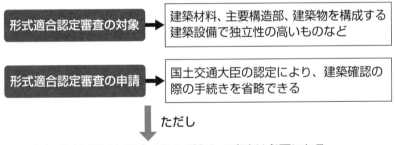

| 形式適合認定審査の対象 | → | 建築材料、主要構造部、建築物を構成する建築設備で独立性の高いものなど |
| 形式適合認定審査の申請 | → | 国土交通大臣の認定により、建築確認の際の手続きを省略できる |

ただし

認定を受けた型式に適合するかどうかの審査は必要になる

構造方法等の認定について教えてください。

 国土交通大臣が行う、構造方法や建築材料などの性能の認定のことです。

　国土交通大臣が行う、耐火構造や超高層建築物の構造安全性などの構造方法や建築材料などの性能の認定のことを、構造方法等の認定といいます。

　建築材料や構造方法の性能に関する評価を基にして、構造方法等の認定が行われます。技術面からの審査能力をもち、公平な審査の体制をもっている指定性能評価機関や承認性能評価機関に依頼して、「性能評価書」を発行してもらった後、国土交通大臣に申請することになっています。構造方法等の認定を受けることで、仕様規定で使われた材料や構造方法等と同様の性能を持つものと認められたことになります。

■ 構造方法等の認定

指定性能評価機関や承認性能評価機関が、性能評価書を作成

→

国土交通大臣に申請を行い、国土交通大臣は性能評価書を基に審査を行う

→

審査を通過したら認定書を交付する

指定性能評価機関や承認性能評価機関は専門知識を有している

不燃材料や耐火構造、超高層建築物の構造安全性の認定などがある

第2章

道路・用途地域・斜線制限の法律問題

建築基準法上の道路

敷地と道路との関係

　私たちは日々道路を利用して生活していますが、周りの家々に目を配ると、多くの場合、敷地が道路に面していることがわかります。これは接道義務を課して建築を規制しているためです。

　接道義務とは、都市計画区域内にある建築物の敷地に対して課される、原則として幅員4m以上の道路に2m以上接していなければならないというルールのことです。建築物を建てようとするときは、建築基準法の接道義務に違反しないことを事前に確認しなければなりません。

　建築基準法42条1項には、同法における「道路」に該当するものが列挙されています。なお、いずれの場合も、原則として幅員4m以上のものでなければ同法における「道路」には該当しません。この4mという数値は、車がすれ違うために最低限必要な幅になります。4mの幅があれば、緊急時にも消防車や救急車が通行することができます。道路の幅員を確保することで、安全を守ることができるのです。

　また、採光や通風を確保するという観点からも、道路の幅員を確保することは必要なことだといえます。以下、具体的に見てみましょう。

① **道路法による道路（建築基準法42条1項1号）**

　同項1号では、「道路法による道路」が挙げられています。これには国道、都道府県道、市町村道が該当します。

② **都市計画法等による道路（建築基準法42条1項2号）**

　これには開発許可を得て築造される道路等が該当します。

　都市再開発法、土地区画整理法、都市計画法、新都市基盤整備法、密集市街地整備法などの法律に基づく道路です。

③ **既存道路（建築基準法42条1項3号）**

　都市計画区域や準都市計画区域の指定・変更等によって建築基準法

の規定が適用されることとなった時点で既に存在する幅員４ｍ以上の道をいい、おもに農道等がこれに該当します。都市計画区域等の指定・変更等の時期は地域によって一律ではないため、注意が必要です。なお、次ページ⑥の２項道路のように建築物が立ち並んでいる必要はありません。

④ 計画道路（建築基準法42条１項４号）

道路法や都市計画法などによる、新設や変更の事業計画のある道路であって、２年以内にこの事業が執行される予定のものです。ただし、これは特定行政庁（市町村長や都道府県知事）によって指定されたものであることが必要です。

⑤ 位置指定道路（建築基準法42条１項５号）

土地を建築物の敷地として利用するために、道路法や都市計画法などの法律によらずに築造する建築基準法施行令で定める基準に適合する道であって、特定行政庁からその位置の指定を受けたものをいいます。たとえば、土地を分筆して各土地に建築物を建てる際に、新たに造られる道路が位置指定道路となります。「指定道路」と呼ばれることもあります。これも特定行政庁によって指定されたものであることが必要となります。道路を造ろうとする者が特定行政庁に対して申請を行い、指定された道路は私道になります。この道路の基準としては、

■ ２項道路の境界線

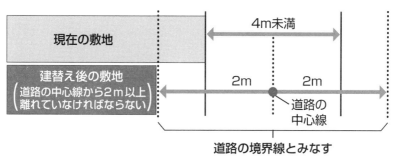

第一に両端が他の道路に接している必要があります。袋路状の道路の場合には、幅員が6m以上であること、幅員が6m未満である場合には長さが35m以下であること、道路の端が車の転回に支障がない広い部分と接しているといった条件を満たさなければなりません。

　同一の平面で交差・接続するような場所は、角地に隅切りを設けることが必要です。また、階段状ではなく勾配は12%以下にして、排水に必要な側溝を設けなければなりません。隅切り部分については、道路法上の道路でなければ、敷地面積に算入しますが、建築物を建てることはできません。

⑥　2項道路・みなし道路（建築基準法42条2項）

　都市計画区域や準都市計画区域の指定・変更等によって建築基準法の規定が適用されることになった時点で既に建築物が立ち並んでいる幅員4m未満の道で、特定行政庁（市町村長や都道府県知事）の指定した道路です。「2項道路」または「みなし道路」と呼ばれ、原則として道路中心線から2mのセットバック義務（壁面後退）を負います。

　セットバックとは、道路の幅員を4m確保するために敷地の一部を道路部分として負担する場合の当該負担部分のことで、より簡単にいえば、道路の境界線を後退させることです。

■ 2項道路とセットバック ⋯⋯⋯⋯⋯⋯⋯⋯⋯⋯⋯⋯⋯⋯⋯⋯⋯⋯

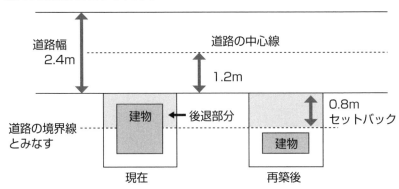

「建築物が立ち並んでいる」の意味については解釈運用上の争いがあり、道に接して建築物が2個以上あればよいと考えて緩やかに解する見解と、建築物が寄り集まって市街の一画を形成するなど機能的な重要性を必要とする見解があります。地域によってこの規定の運用が異なることがありますし、セットバック義務は紛争の原因になることもあります。敷地に面している道路が2項道路かどうかについては事前に行政窓口での調査が不可欠です。また、セットバックについては例外もありますので、あわせて確認しておくとよいでしょう。

2項道路の指定についてどうしても不服がある場合は行政不服審査といった手続きや、訴訟をすることも考えられます。

最後に、建築基準法43条2項2号には、都市計画区域（27ページ）内における建築物の敷地が前述したいずれの道路にも接道がない場合でも、建設許可を受け得る場合があることが規定されています。この点についても行政窓口に早めに確認しておくことが大切です。

建築基準法上の道路の取扱い

建築基準法は、建築物の敷地は、一定の場合を除き、2m以上道路に接していなければならないと規定しています（同法43条1項）。これは、車が1台通行するために必要な幅になります。不特定多数の人が出入りする劇場、3階建て以上の建築物、延べ面積が1000㎡を超える規模の大きい建築物などを建てる敷地については、敷地が接する道路の幅員や敷地が道路に接する部分の長さについても条例で定めることができます。

道路内の建築制限と壁面線の指定

建築物や敷地を造成するための擁壁は道路内に建築したり、道路に突き出して建築することはできません。ただし、以下のいずれかに該当する場合には、道路に建築することが可能になります。

・地盤面下に設ける建築物

・公衆便所、巡査派出所など公益上必要な建築物で特定行政庁（市町村長や都道府県知事）が通行上支障がないとして建築審査会の同意を得て許可したもの

・特定高架道路等の上空または路面下に設ける建築物などのうち、地区計画の内容に適合し、なおかつ政令で定める基準に適合するものであって特定行政庁が安全上、防火上、衛生上支障がないと認めるもの

・公共用歩廊（たとえば渡り廊下は公共用歩廊に該当する）その他政令で定める建築物で特定行政庁が安全上、防火上、衛生上他の建築物の利便を損なわず、周囲の環境を害するおそれがないと認めて許可したもの、また、建築物の壁やこれに代わる柱、高さ2mを超える門や塀は、壁面線を超えて建築してはいけません。ただし、地盤面下の部分や特定行政庁が建築審査会の同意を得て許可した歩廊の柱などについては建築可能です。

路地状敷地についての規制

　建築物の敷地と道路の間が路地のようになっている敷地が路地状敷地です。路地状敷地に建築物を建築する場合の路地の幅や長さについては、条例で基準が定められています。次ページ図で示した路地の幅・長さの基準は東京都の条例（東京都建築安全条例）によるものです。耐火建築物と準耐火建築物以外で延べ面積が200㎡を超える建築物については、路地の長さが20m以下であれば路地の幅は3m以上、20mを超える場合であれば路地の幅は4m以上でなければなりません（次ページ上図）。一方、それ以外の建築物の場合には20m以下であれば路地の幅は2m以上、20mを超える場合であれば路地の幅は3m以上となるようにします（次ページ下図）。

　路地状部分のみによって道路に接する敷地については、建築物の制

限も行われます。東京都建築安全条例では、路地状部分のみによって道路に接する敷地には、原則として学校や共同住宅といった特殊建築物の建築を認めない扱いとしています。ただし、以下に掲げる建築物については、路地状部分しか道路に接していない敷地であっても特殊建築物を建築することが認められています。

・路地状部分の幅員が10m以上で、なおかつ敷地面積が1000㎡未満である建築物

・公衆浴場や工場として用いている建築物で、その敷地の路地状部分の幅員が4m以上で、なおかつ路地状部分の長さが20m以下であるもの

・この他、建築物の周囲の空地の状況その他土地と周囲の状況により知事が安全上支障がないと認めた建築物

■ 路地状部分の形態 ···

●耐火建築物・準耐火建築物以外で延べ面積が200㎡を超える建物の場合

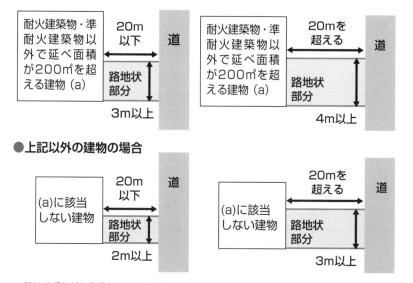

※路地状部分がある場合には、共同住宅・学校・店舗・工場などの特殊建築物は建築できない。

用途地域

用途地域とは

　都市計画法上、用途地域は13の地域に分けられています。用途地域については、次ページの図を見てください。大きく分けて、住居系、商業系、工業系の3つに分けられます。行政は、この用途地域と建築基準法などを連動させて、それぞれの地域・地区の目的に応じた規制をし、快適な都市空間を構築しようとしているのです。

許可があれば建築制限が緩和される

　特定行政庁（市町村長か都道府県知事）がその地域の特性を考慮して許可をした場合には、用途地域で定められた用途や規模以外の建築物を建築することができます。この許可を行う際には、利害関係者の出頭を求めて意見を聴取し、建築審査会の同意を得る必要があります。

■ 都市計画法と建築基準法 ……………………………………………………

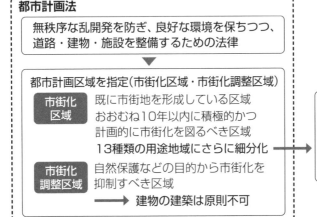

敷地が制限の異なる用途地域にまたがる場合

　建築物の敷地が、制限の異なる用途地域にまたがっている場合があります。この場合には、敷地の過半が属している地域の制限がかかります。たとえば、ある建築物の敷地に第2種住居地域にかかる部分と、近隣商業地域にかかる部分があり、敷地のうち第2種住居地域にかかる部分が4割、近隣商業地域にかかる部分が6割という場合には、近隣商業地域としての制限がかかります。

■ 用途地域の概略 …………………………………………………

用途地域の種類		地域特性
住居系	①第1種 低層住居専用地域	低層住宅に係る良好な住居の環境を保護するため定める地域
	②第2種 低層住居専用地域	主として低層住宅に係る良好な住居の環境を保護するため定める地域
	③田園住居地域	農業の利便の増進を図りつつ、これと調和した低層住宅に係る良好な住居の環境を保護するため定める地域
	④第1種 中高層住居専用地域	中高層住宅に係る良好な住居の環境を保護するため定める地域
	⑤第2種 中高層住居専用地域	主として中高層住宅に係る良好な住居の環境を保護するため定める地域
	⑥第1種住居地域	住居の環境を保護するため定める地域
	⑦第2種住居地域	主として住居の環境を保護するため定める地域
	⑧準住居地域	道路の沿道としての地域の特性にふさわしい業務の利便の増進を図りつつ、これと調和した住居の環境を保護するため定める地域
商業系	⑨近隣商業地域	近隣の住宅地の住民に対する日用品の供給を行うことを主たる内容とする商業その他の業務の利便を増進するため定める地域
	⑩商業地域	主として商業その他の業務の利便を増進するため定める地域
工業系	⑪準工業地域	主として環境の悪化をもたらすおそれのない工業の利便を増進するため定める地域
	⑫工業地域	主として工業の利便を増進するため定める地域
	⑬工業専用地域	工業の利便を増進するため定める地域

この場合、建築物の位置は関係がありません。建築物が敷地のどの位置に建てられたとしても、敷地の過半が属しているのはどちらの用途地域かによって制限が変わってきます。

■ 用途地域内の建築制限

建物の種類 ＼ 用途地域	第1種低層住居専用地域	第2種低層住居専用地域	第1種中高層住居専用地域	第2種中高層住居専用地域	第1種住居地域	第2種住居地域	準住居地域	田園住居地域	近隣商業地域	商業地域	準工業地域	工業地域	工業専用地域
住宅・下宿・老人ホーム等													
保育所・神社・診療所等													×
老人福祉センター等	△	△						△					
病院	×	×						×				×	×
小学校・中学校・高校												×	×
大学・専修学校・病院等	×	×						×				×	×
図書館等													×
店舗・飲食店	×	△	△	△				△					×
事務所	×	×	×	△				×					
ホテル・旅館	×	×	×	×	△			×				×	×
自動車教習所	×	×	×	×	△			×					
倉庫業を営む倉庫	×	×	×	×	×	×		×					
水泳場・スケート場・ボーリング場等	×	×	×	×	△			×					×
麻雀・パチンコ店等	×	×	×	×	△	△		×					×
カラオケボックス・ダンスホール等	×	×	×	×	×	×		×			△	△	△
キャバレー等	×	×	×	×	×	×	×	×	×		△	×	×
劇場・映画館・演芸場・ナイトクラブ等	×	×	×	×	×	×	△	×				×	×
工場（食品製造業以外）	×	×	×	×	△	△	△	×	△	△	△		

無印は建築可能 / △は条件付きで建築可能 / ×は特定行政庁の許可がなければ建築不可

建ぺい率と容積率

建ぺい率と建物の規制

　建築基準法は、用途地域ごとに建ぺい率を定めて建築物の規模を制限することで、良好で安全な環境を維持しようとしています。

　建ぺい率とは、敷地面積に対する建築物の建築面積（建築物を真上から見た水平投影面積）の割合のことです。

　建ぺい率が小さくなると、敷地内に空き地が多くなります。建ぺい率を求める数式は、建ぺい率＝建築面積÷敷地面積、になります。

　建ぺい率は用途地域別に定められています。建ぺい率は、56ページ図に規定する数値を超えてはいけません。ただ同一の地域でも延焼の危険が少ない、防火地域内の耐火建築物や、角地の敷地内の建築物は、建ぺい率が通常よりも割増しがされます。

　また、公衆便所やアーケードなど、公共のために利用する建築物の建築の場合には、建ぺい率の制限は撤廃されます。

容積率の限度と延べ面積の特例

　延べ面積とは、建築物の各階の床面積の合計のことをいいます。階数や建築物の高さとは関係がなく、すべての階の床面積を合計したものが延べ面積になります。容積率とは、建築物の延べ面積の敷地面積に対する割合のことです。建築物の容積率は、都市計画で用途地域別に定められた容積率の限度以下にする必要があります。具体的には容積率は、53ページの表に示す数値以下にする必要があります。建築基準法では、容積率を分数で表示しますが、一般には「％」で表示されています。容積率は、容積率＝延べ面積÷敷地面積、の数式で求めることができます。また、敷地に対して最も延べ面積を大きくした数値が最大延べ面積になります。最大延べ面積は、最大延べ面積＝敷地面

積×容積率の限度、の数式で求めることができます。

　延べ面積には、通常使用する延べ面積と、容積率を算定する際に使用する延べ面積の2種類があります。容積率を算定する際に用いる延べ面積には、一定の数値を限度として延べ面積に算入しないことがあります。まず、自動車の車庫など自動車を停車させるために用いる施設の場合には、その用途に用いる部分の床面積については延べ面積の5分の1を限度として容積率算定上の延べ面積に算入しません。

　地階の住宅部分の床面積についても、容積率算定上の延べ面積から除外されます。天井面が地盤面からの高さ1m以内にあり、住宅の用途に使っていれば、住宅として使う部分の床面積の合計の3分の1を限度として、容積率の算定に用いる延べ面積から除外されます。

　高齢者等の入所・入居の用に供する老人ホーム等（有料老人ホーム、特別養護老人ホーム、認知症高齢者グループホーム、障害者支援法に基づく福祉ホームなど）も、住宅と同様に地階の床面積が延べ面積の3分の1まで除外されます。

　また、共同住宅の共用の廊下や階段の床面積は、容積率算定上の延べ面積から除外されます。なお、エレベーターについては、すべての階について昇降路部分（シャフト部分）の床面積を延べ面積から除外する取扱いになっています。

■ **建ぺい率と容積率** ··

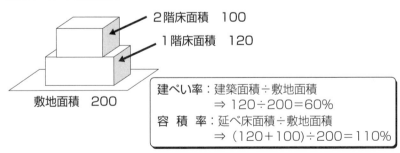

2階床面積　100
1階床面積　120
敷地面積　200

建ぺい率：建築面積÷敷地面積
　　　　　⇒ 120÷200＝60%
容　積　率：延べ床面積÷敷地面積
　　　　　⇒（120＋100）÷200＝110%

その他、災害備蓄用の倉庫や、蓄電池、自家発電用設備の設置場所等の、大きな災害に備えるためのスペースも、一定の割合で除外されます。

道路幅による容積率の制限と特定道路による全面道路幅員の緩和

　容積率の制限は、用途地域で定められた制限の他に、前面道路が12m以下である場合には、道路幅による制限もあります。前面道路の幅員のmの数値に、用途地域によって定められた一定の割合を乗じた数値以下でなければならないとされています。

■ 用地地域ごとの容積率 ………………………………………………

> ① **第1種低層住居専用地域、第2種低層住居専用地域、田園住居地域**内の建築物
>   10分の5、10分の6、10分の8、10分の10、10分の15、10分の20のうち都市計画において定められた数値
>
> ② **第1種中高層住居専用地域、第2種中高層住居専用地域、第1種住居地域、第2種住居地域、準住居地域、近隣商業地域、準工業地域**内の建築物
>   10分の10、10分の15、10分の20、10分の30、10分の40、10分の50のうち都市計画において定められた数値
>   （第1種住居地域、第2種住居地域、準住居地域、近隣商業地域、準工業地域のうち容積率が10分の40か10分の50と定められた地域は、高層住居誘導地区として指定されることがある。もし指定されていれば、建築物の住宅部分の床面積の合計が延べ面積の3分の2以上である場合、その住宅部分の割合に応じて容積率が引き上げられる）
>
> ③ **商業地域**内の建築物
>   10分の20、10分の30、10分の40、10分の50、10分の60、10の70、10分の80、10分の90、10分の100、10分の110、10分の120、10分の130のうち都市計画において定められた数値
>
> ④ **工業地域、工業専用地域**内の建築物
>   10分の10、10分の15、10分の20、10分の30、10分の40のうち都市計画において定められた数値
>
> ⑤ **用途地域の指定のない区域**内の建築物
>   10分の5、10分の8、10分の10、10分の20、10分の30、10分の40のうち、特定行政庁が土地利用の状況等を考慮して定めた数値

この場合の容積率は、用途地域による数値と、道路幅の制限による数値を比べ、より厳しい方の数値をとるとされています。

幅員15m以上の道路を特定道路といいます。次ページ図のように、特定道路に接続する6m以上12m未満の道路に接する建築物で、特定道路から70m以内にある建築物については、容積率に関する規制が緩和されます。具体的には、建築物と接する道路（前面道路）の幅に一定の割増しを行い、容積率を加算します。また、建築物の敷地が計画道路（新しく作ろうとする道路やその計画のこと）に接しており、特定行政庁（市町村長や都道府県知事）が許可した建築物については、計画道路を前面道路とみなして容積率を計算することができます。この場合は、計画道路がかかる部分の面積を敷地面積から除外します。

外壁を後退させるルール

第1種低層住居専用地域や第2種低層住居専用地域内においては、建築物の外壁や柱の面から敷地境界線までの距離（外壁の後退距離）は、都市計画において外壁の後退距離の限度が定められた場合には、原則としてその限度以上に後退させる必要があります。

この外壁の後退距離が決められた場合に建築物を建てる場合には、境界線から1mまたは1.5m分、外壁を離す必要があります。

敷地面積の最低限度についての規定

建築物の敷地面積については、都市計画において用途地域ごとに建築物の敷地面積の最低限度を定めることができます（建築基準法53条の2）。ただし、その最低限度は、200㎡を超えてはならないとされています。また、以下のいずれかに該当する建築物の敷地については、この規制の対象から除外されています。

・建ぺい率の限度が10分の8とされている地域内で、防火地域内にある建築物

・公衆便所、巡査派出所などの公益上必要な建築物
・敷地の周囲に広い公園、広場、道路などの空地がある建築物であって、特定行政庁（市町村長や都道府県知事）が市街地の環境を悪化させるおそれがないと認めて許可した建築物
・特定行政庁が用途上、構造上やむを得ないと認めて許可した建築物

建築物が建てられる高さ

　高さのある建築物が建築されると、日照や通風が阻害され、周囲の環境を悪化させるおそれがあります。そのため、建築基準法では建築物の高さを制限しています。まず、低層住居専用地域などでは絶対高さの制限があり、その高さを超える高さの建築物を建ててはいけないことになっています。さらに、建築物の日照、通風を確保するための道路斜線制限、北側斜線制限という種類の高さ制限も存在します。

　また、商業地域、工業地域、工業専用地域以外の地域では、日影規制という、周囲の敷地に対して日影を作る時間を制限した規定も適用されます。絶対高さ制限とは、建築物の高さを地盤から一定の高さ以内に制限することをいいます。具体的には第1種・第2種低層住居専用地域では良好な住環境を保護するため、原則として建築物の高さは

■ 特定道路と接続する道路についての容積率の緩和 ‥‥‥‥‥‥‥‥

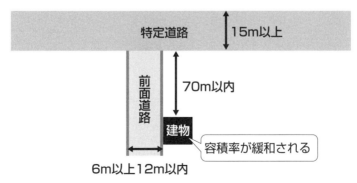

10mまたは12mのうち都市計画において定められたものを超えてはならないという絶対的な高さ制限が加えられています。その他、条例によって絶対高さの制限を設けている地域もあります。

■ 用途地域ごとの建ぺい率制限 ……………………………………………

	地域区分	原則数値 (%)	特 例		
			⑦防火地域 内の耐火 建築物等	④準防火地域 内の準耐火 建築物等	⑦特定行政庁 の指定する 角地
用途地域	①第1種低層住居 専用地域	30、40、50、60 ※1	+10%	+10%	+10% ※4
	②第2種低層住居 専用地域				
	③田園住居地域				
	④第1種中高層 住居専用地域				
	⑤第2種中高層 住居専用地域				
	⑥第1種住居地域	50、60、80 ※1	+10% (80%の 地域では +20%) ※3		
	⑦第2種住居地域				
	⑧準住居地域				
	⑨準工業地域				
	⑩近隣商業地域	60、80 ※1			
	⑪商業地域	80	+20% ※3		
	⑫工業地域	50、60 ※1	+10%		
	⑬工業専用地域	30、40、50、60 ※1			
用途地域の指定のない 区域		30、40、50、60、70 ※2			

※1 複数の数値の中から都市計画で決定。
※2 複数の数値の中から特定行政庁が都道府県都市計画審議会の議（判断）を経て決定。
※3 建ぺい率は100%（制限なし）となる。しかし、民法で「外壁を隣地境界線から50cm以上離す」
　　との規定があることなどに注意を要する。
※4 「⑦と⑦」または「④と⑦」の特例を満たす建物は「＋20%」になる。

斜線制限

斜線制限

　斜線制限とは、建築物を建築する際に、建築物の各部分の高さを、前面道路の反対側の境界線や隣地境界線からの水平距離に一定数値を乗じた数値以下に制限する規制です。

　斜線制限には、道路斜線制限、隣地斜線制限、北側斜線制限の３種類があります。

道路斜線制限

　道路斜線制限とは、道路の日照や採光、通風を確保するために、道路の上空の前面道路の反対側の境界線から建築物の敷地上空に向かって斜線を引き、その斜線の内側に建築物を建てなければならないという制限です。以下、59ページの図を例に説明します。

　まず、敷地と道路の境界線上（59ページの図のＢ）に道路幅（59ページの図では４m）に対して1.25倍（商業、工業系の地域では1.5倍）の長さの垂線を引きます。

　次に、この垂線の終点に向かってＡから斜線を引きます。このとき、Ｂから引いた線の終点とＡから引いた斜線が交わる点をＸとします。そうすると、ＡＢＸの三角形ができます。このＡＸの直線をさらに上空に向かって延長した先をＰとします。このＡＰの線を道路斜線といい、容積率に応じて定められた距離の範囲（下図では20m）にある建築物は、道路斜線の下に収まっていなければならないというのが道路斜線制限です。この場合に基準となる容積率と適用を受ける距離については、建築基準法の別表第三に記載されています。

　59ページの図では、道路斜線から上空に突き出した部分（図のＯの部分）が制限を超えていることになります。

道路斜線制限の緩和措置・特例

道路斜線制限については、以下のような緩和措置が設けられています。

・道路境界線から後退して建築物を建てる場合

道路境界線から後退して建築物を建てた場合には、後退した距離の分だけ前面道路の反対側の境界線も離れたとみなし、幅員に足すことができます。

通常後退した部分には建築物は建てられませんが、以下のものであれば建築することができます。

・物置などで、軒の高さが2.3m以下、床面積の合計が5㎡以内といった条件を満たすもの

・ポーチなどで、高さが5m以下といった条件を満たすもの

・道路に沿って設けられる高さが2m以下の一定の条件を満たす門や塀

・隣地境界線に沿って設けられる門または塀

・歩廊、渡り廊下などで、特定行政庁（市町村長や都道府県知事）がその地方の気候や風土の特殊性、土地の状況を考慮して規則で定めたもの

・この他、前面道路の中心からの高さが1.2m以下のもの

・建築物の前面道路が2つ以上ある場合の特例

建築物の前面道路が2つ以上ある場合、すべての前面道路の幅員について幅員がもっとも大きい前面道路と同じものとみなす特例があります。特例が適用される範囲は以下の①、②です。

① 幅員がもっとも大きい前面道路の境界線からの水平距離がその前面道路の幅員の2倍以内であり、かつ水平距離が35m以内の部分

② その他の前面道路の中心線からの水平距離が10mを超える部分

・その他の緩和措置

前面道路の反対側に公園、広場、水面などがある場合には、前面道路の反対側の境界線は、公園、広場、水面などの反対側の境界線にあるものとみなします。

また、建築物の敷地の地盤面が前面道路より1m以上高い場合には、その前面道路は、敷地の地盤面と前面道路との高低差から1mを引いたものの2分の1だけ高い位置にあるものとみなします。

隣地斜線制限

　隣地斜線制限とは、隣地間で近接した建築物の通風や日照を確保するための高さ制限です。隣地斜線制限が適用される地域は、49ページに掲載した13種類の用途地域のうち、第1種低層住居専用地域と第2種低層住居専用地域を除く11種類の地域です。第1種低層住居専用地域と第2種低層住居専用地域に、隣地斜線制限が適用されないのは、隣地斜線制限よりも厳しい絶対的高さ制限のルールがあるからです。

①　住居系の地域の場合、建築物の高さ20mを超える部分について、傾斜が1：2.5の斜線の範囲に収まるように建築しなければならな

■ **道路斜線による制限** ·······························

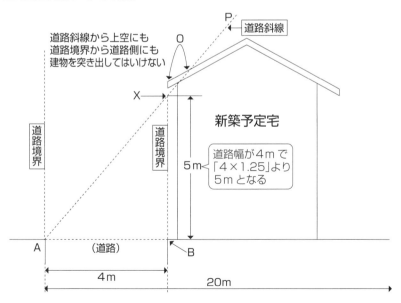

い（下図 a ）。

② 商業系・工業系地域の場合、建築物の高さ31mを超える部分の傾斜が 1 ：2.5の斜線の範囲に収まるように建築しなければならない（下図 b ）。

隣地斜線制限の緩和

隣地境界線から後退して建築物を建てる場合、隣地斜線制限が緩和されます。隣地境界線から後退した場合、道路斜線の時と同様に、後

■ 隣地斜線制限のイメージ ┈┈┈┈┈┈┈┈┈┈┈┈┈┈┈

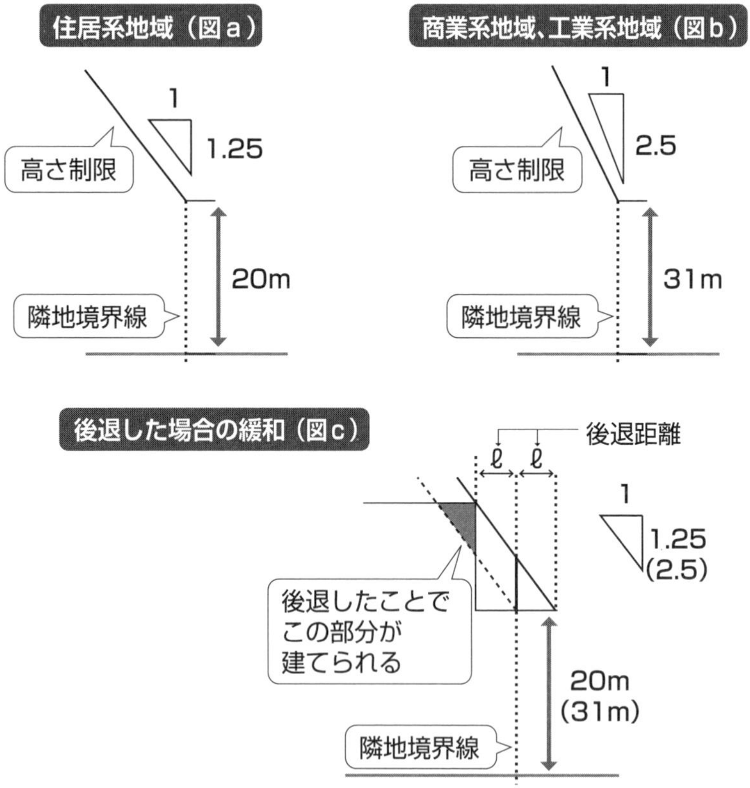

住居系地域（図 a ）

高さ制限

1

1.25

20m

隣地境界線

商業系地域、工業系地域（図 b ）

高さ制限

1

2.5

31m

隣地境界線

後退した場合の緩和（図 c ）

後退距離

ℓ ℓ

1

1.25
(2.5)

後退したことでこの部分が建てられる

20m
(31m)

隣地境界線

退した分だけ隣地側に離れた所から斜線を立ち上げます。道路斜線と違うのは、20m（31m）の立上りから上で後退すれば、その分だけ緩和が受けられます（前ページ図 c ）。

また、建築物の敷地が公園、広場、水面などに接する場合には、その公園、広場、水面に接する隣地境界線は、公園、広場、水面の幅の 2 分の 1 だけ外側にあるものとみなされます。さらに、建築物の敷地の地盤面が隣地の地盤面より 1 m以上低い場合には、その建築物の敷地の地盤面は、高低差から 1 mを引いた数値の 2 分の 1 だけ高い位置にあるものとみなします。

北側斜線制限

北側斜線制限とは、北側にある隣地の日照を確保するための建築物の高さ制限です。北側斜線の制限があるのは低層住居専用地域と中高層住居専用地域です。低層住居専用地域の場合、真北方向の隣地境界線について、地盤面から 5 mの高さを起点に傾斜が 1 ：1.25 の斜線の範囲に収まるように建築しなければなりません。また、中高層住居専用地域の場合、地盤面から10mの高さを起点に傾斜が 1 ：1.25 の斜線

■ 北側斜線制限のイメージ ……………………………………………………

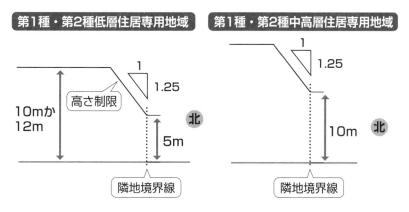

の範囲に収まるように建築しなければなりません（下図参照）。

　ただし、一定の場合に北側斜線制限を緩和する措置も認められています。北側の前面道路の反対側に水面、線路敷などがある場合や、水面、線路敷などに接する場合には、前面道路の反対側の境界線や水面、線路敷に接する隣地境界線は、それらの幅の2分の1分だけ外側にあるものとみなされます。

　また、隣地斜線の時と同様に自分の敷地が隣地より低い場合の緩和があります。敷地の地盤面が北側の隣地の地盤面より1ｍ以上低い場合、その建築物の敷地の地盤面は、隣地との高低差から1ｍを引いた数値の2分の1分だけ高い位置にあるものとみなされます。

天空率

　天空率とは、ある地点からどれだけ天空が見込まれるかの割合を示したものです。建築基準法では、斜線制限ギリギリに敷地の幅いっぱいに建てた建築物と、高さが高く斜線には当たってしまうがよりスリムな建築物とを比較して、後者の方の天空率が多くなった場合、斜線制限の目的である通風や採光が確保されたものとして緩和を適用できることになっています。

　天空率を利用すると、建築物が斜線制限を少しだけ超えてしまったというような場合であっても、外観のデザインや建築物の形状を変更することなく、建築物を建設することが可能になります。斜線制限のために、使用容積率を減らしたり、建築物の構造体への負担を増やさなければならないといったデメリットを解消することができます。

第3章

防火対策と避難施設

防火地域・準防火地域について教えてください。

市街地における火災の危険を防除するための地域」として指定されるエリアです。

　建築物は、防火のために、①火災が発生しにくい性能、②近隣からの延焼を防ぐ性能、③安全に避難できることができる性能の3つの性能を備えている必要があります。

　日本の建築物、特に住宅は木造が多いことから、建築基準法や都市計画法では、さまざまな防火のための規定を設けています。

　都市計画法では、都市計画において、市街地における火災の危険を防除するための地域として防火地域または準防火地域を定めることができると規定されています。防火地域とは、建築物を火災に耐えられる構造にするなどの義務付けがある地域を指します。また、準防火地域とは、防火地域と同様に建築物を火災に耐えられる構造にするなどの義務付けがある地域を指し、準防火地域の規制内容は防火地域のそれよりもおおむね緩やかなものとなっています。

　建築基準法では、その他に火災が発生しにくい材料で建築物を造ること、近隣からの延焼で燃えやすい箇所を防火性能の高いものにすること、避難が容易になるように道路に接する形で建築物を建てることなどが定められています。

●防火地域内の建築制限

　防火地域は市街地における火災の危険を防除するための地域として行政が指定します。建築物の防火上の規制が最も厳しい地域です。ま

た、防火地域ほどではないにしても、建築物の防火上の規制が設けられている地域として準防火地域があります。準防火地域はおおむね防火地域の周囲を囲むような形になります。

市区町村などの自治体が定める防火地域はおもに駅前や主要幹線道路沿いなどの地域がほとんどです。それらの地域には人やビルが密集しており、災害時には甚大な被害が発生するおそれがあります。そのため、防火地域内の建築物は、原則として、防火上の性能が高い耐火建築物または準耐火建築物にしなければなりません。

耐火建築物とは、通常の火災時の火熱に対し、主要構造部（壁、柱、床、はり、屋根または階段）が損傷しにくく、建築物の倒壊と近隣への延焼を防止することができる建築物です。準耐火建築物とは、通常の火災による火熱が加えられた場合に一定の時間（30分〜45分）、近隣への延焼を防ぐ性能をもった建築物をいいます。

防火地域内の建築物を耐火建築物にすべきか、それとも準耐火建築物でもよいかは、その建築物の規模によって判断します。具体的には、

■ 防火地域内の建築物の特例 ……………………………………

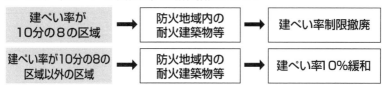

隣地境界線

	隣地境界線
建築物	建築物
建築物	建築物

防火地域内（または準防火地域内）で外壁が耐火構造の場合、隣地境界線に接して建築が可能（延焼危険性が少ないため）。また、以下のような建ぺい率（56ページ図参照）の緩和措置もあり。

| 建ぺい率が10分の8の区域 | → | 防火地域内の耐火建築物等 | → | 建ぺい率制限撤廃 |
| 建ぺい率が10分の8の区域以外の区域 | → | 防火地域内の耐火建築物等 | → | 建ぺい率10％緩和 |

3階建て以上の建築物または延べ床面積（各階の床面積の合計）が100㎡を超える建築物は、耐火建築物または延焼防止建築物（耐火建築物と同等の性能をもつ、延焼防止性能が高い建築物）にしなければなりません。これ以外の規模の建築物（2階建て以下でかつ延べ床面積が100㎡以内）の場合は、準耐火建築物であればよいことになります（耐火建築物や延焼防止建築物にしても問題ありません）。

このように、建てることができる建築物が一定の耐火性を備えた建築物に限定される反面、防火地域では、建ぺい率の規制が撤廃または緩和されます。

●準防火地域内の建築制限

準防火地域はおもに住宅密集地にあります。そうした地域にある建築物も防火上の制限を受けることになりますが、規模によっては木造建築物を建てることも可能です。

耐火建築物または延焼防止建築物としなければいけないのは、4階建て以上の建築物または延べ床面積が1500㎡を超える建築物です。

準耐火建築物としなければいけないのは、3階建て以下でかつ延べ床面積が500㎡超1500㎡以下の建築物です。なお、準耐火建築物ではなく、耐火建築物や延焼防止建築物、または準延焼防火建築物（準耐火建築物と同等の性能をもつ建築物）でもかまいません。

地上3階建ての建築物で、かつ、延べ床面積が500㎡以下の建築物は、耐火建築物、準耐火建築物、延焼防止建築物または準延焼防止建築物としなければなりません。

なお、2階建て以下で、かつ延べ床面積が500㎡以下であれば、このような制限を受けずに木造建築物を建てることができます。ただし、外壁や軒裏などは周囲の火災からの延焼を防ぐ構造（防火構造）でなければなりません。

また、準防火地域内の耐火建築物・準耐火建築物は、特例として、建ぺい率が10％緩和されます。

●法22条区域と屋根の不燃化

　法22条区域とは、建築基準法22条に規定された地域で、建築物の屋根や外壁について防火上の制限を受ける地域になります。準防火地域のさらに外側を囲い込むような形になるのが一般的で、防火地域や準防火地域に比べると規制が緩い地域になります。

　法22条区域では建築物の屋根はコンクリートや鉄板などの燃えない材料にするか、瓦などで覆うようにしなければなりません。また、外壁も近隣からの延焼のおそれがあるので、隣接する建築物に面した外壁は土塗壁などの燃えない材料にしなければなりません。

●建築物が２以上の地域にわたって建てられる場合について

　たとえば防火地域と準防火地域の２つの地域にわたって建築物が建てられたとします。防火地域と準防火地域では規制内容が異なるため、建てられる建築物の規模や使える建築材料が違ってきます。このような場合は規制内容がより厳しい方の規定を適用します。したがって、敷地が防火地域と準防火地域の両方にわたっている場合は、防火地域の規定が適用されます。

■ 準防火地域の建築制限 ……………………………………………

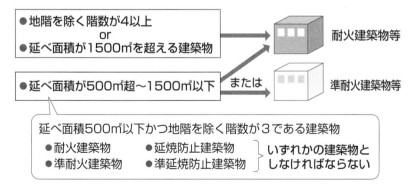

建築物の防火設備について教えてください。

火災発生時に炎や煙の拡散を防ぐために必要となる設備です。

建築基準法では、火災の発生時に炎や煙が拡散することを防いで避難経路を確保するために、建築物には防火設備を設置しなければならないと定めています。

建築基準法が定める防火設備には、「防火設備」と「特定防火設備」の2種類があります。

防火設備とは、扉や窓のような外壁の開口部のうち、炎を遮る性能のある設備であって、加熱開始から20分間以上火災室の外に火炎を出さない性能を持ったものをいいます。このような炎を遮る性能のことを遮炎性能といいます。

遮炎性能は、建築物内部で発生した火災が隣接する建築物に延焼するのを防ぐ性能と、外部から建築物への延焼を防ぐ性能の2種類があり、防火設備はこの両方の性能を併せもつ必要があります。

防火設備の例としては、鉄板の厚さが0.8mm以上の鉄製扉や、建築物を水幕で覆うドレンチャーと呼ばれる装置などがあります。

また、特定防火設備とは、防火設備よりも遮炎性能に優れた扉・窓などの開口部であって、継続して炎を遮る時間が1時間以上のものをいいます。特定防火設備の例としては、鉄板の厚さが1.5mm以上の鉄製扉や鉄製シャッターなどが挙げられます。

 **防火区画の種類について教えてください。**

 面積区画、高層区画、竪穴区画、異種用途区画の４種類があります。

　防火区画とは、火災の発生時に、炎や煙の拡散を一定の範囲内に留めることを目的として設置される建築物内部を区画する単位のことです。耐火建築物、準耐火建築物について、防火区画の設置基準が定められており、耐火構造や準耐火構造の壁や床、防火設備などによって区画されます。防火区画の設置対象となる建築物等ごとに、必要となる設備は異なります。たとえば、床面積の広さ、区画の対象条件（厨房設備・危険物保管庫などの危険性の高い区画）、配管・ダクトの貫通処理などのさまざまな条件において、独自の規定が設けられています。

●**防火区画の種類**

　建築基準法では、防火区画の種類として、面積区画、高層区画、竪穴区画、異種用途区画の４種類を定め、それぞれについて規定を設けています。

　防火区画を設置する場合、対象となるエリアを一定の面積や用途によって区分し、区画を分けます。なお、この際、開口部となる部分には防火設備を設ける必要があります。

　防火区画によって区切られる範囲は、防火区画の種類や建築物そのものの防火上の性能によって異なります。

　面積区画、高層区画、竪穴区画、異種用途区画の具体的内容は以下のとおりです。

●面積区画とは

面積区画とは、一定の面積の空間で火災が一挙に燃え広がることを防ぎ、被害を局所的なものにとどめるために、耐火構造の床や壁、特定防火設備により区画するものです。区画面積が小さければ小さいほど、厳しい防火区画になります。

・耐火建築物の面積区画

耐火建築物の面積区画は床面積1500㎡以内ごとに区画することとされています。ただし、防火区画に関する建築基準法の設置基準は主要構造部を「耐火構造」とした建築物としており、厳密には耐火建築物とは限定していません。したがって、主要構造部の部材が「耐火構造」で建築されている場合は、この規定が適用されることになります。

・準耐火建築物の面積区画

準耐火建築物の面積区画は、防火・準防火地域の規制の有無や用途、規模によって、設置基準が異なります。

たとえば、防火地域・準防火地域の規制がなく、比較的防火規制の緩い用途で階数が低くても大規模な物や、自主的に準耐火建築物にした建築物に関する面積区画の規定は、耐火建築物の面積区画規定同様、床面積1500㎡以内ごとに区画するとされています。

逆に、防火・準防火地域の規制や、用途や階数の制限で準耐火建築物にした場合は、原則として500㎡以内ごとに区画するとされています。

ただし、柱・はりを不燃材料で作ることで準耐火建築物とした場合は、1000㎡以内ごとに区画するとされています。

●高層区画とは

高層階になればなるほど消火活動・救助活動が困難になることから、面積区画より厳しい規定が適用されます。高層区画の規定は、耐火建築物、準耐火建築物などの構造条件にかかわらず、すべての建築物の11階以上の部分について適用されます。

高層区画は、原則として各階の100㎡以内ごとに区画するとされて

います。ただし、11階以上の階層にあたる高層区画であっても、内装の仕上げ・下地ともに準不燃材料（81ページ）を用いた区画については、各階の200㎡以内ごとに区画することとされています。

さらに、内装の仕上げ・下地とも不燃材料（81ページ）を用いた場合には、各階の床面積500㎡以内ごとに区画するとされています。

●**竪穴区画とは**

竪穴区画は、火災や煙が階段など上下階を縦に貫通する部分（竪穴）を経由して上の階に広がることを防ぐために設けるものです。

竪穴区画は、主要構造部を準耐火構造とし、地階または3階以上の部分に居室がある建築物に適用され、階段室やエレベーターシャフト、フロアーに設けられた吹き抜け、ダクトスペースなどの部分とその他の部分とを、準耐火構造の壁と防火設備で区画する必要があります。

●**異種用途区画とは**

複数の用途で用いられる建築物に多くの人が出入りする場合、用途の違いによって利用方法や利用者が異なり避難が困難になることが予想されます。そのため、防火上、それぞれの部分を区画する必要があります。この区画のことを異種用途区画といいます。

たとえば、建築物の一部に、学校・劇場・映画館・集会場・マーケット・公衆浴場・百貨店・共同住宅・病院などの用途で用いる部分がある場合には、その部分と他の部分とを区画しなければなりません。その際には、準耐火構造の壁や防火設備によって区画する必要があります。

また、建築物の一部に耐火建築物、あるいは準耐火建築物としなければならない特殊建築物（26ページ）がある場合には、その部分と他の部分を1時間準耐火構造の床・壁、特定防火設備で区画しなければなりません。

●**配管やダクトについて**

防火区画は、前述のように、火災の発生時に災や煙の拡散を一定範

囲内に留めることを目的として設置される区画の単位です。

　したがって、防火区画内において防火区画から火災が広がるような空洞や隙間があることは原則として認められません。

　しかし、建築物内部を貫通する給水管や配電管などはほとんどの建築物で必要になるものです。

　そこで、建築基準法では防火区画を貫通する各種配管やダクトについて以下のように貫通処理の規定を定めています。

　まず、防火区画を貫通する配管（防火区画の両側１ｍ以内の配管）自体を不燃材料で作らなければなりません。ただし、１時間耐火構造の床、壁、特定防火設備で建築物の他の部分と区画された「パイプシャフト」「パイプダクト」などの中にある部分は不燃材料ではないものを使うことができます。

　次に、穴の周辺と壁の隙間については適応力が高く扱いやすいモルタルやガラス繊維素材のグラスウールなどの不燃材料で穴の隙間を埋めます。

　その他、火災や熱に反応してすき間を埋めることのできる、認定材料等もあります。

　このような処理を施すことで、火災発生時の炎や煙の拡散を最小限に抑えることができます。

■ 防火区画の種類 ‥‥‥‥‥‥‥‥‥‥‥‥‥‥‥‥‥‥‥‥‥‥‥‥‥‥‥‥‥

❶ 面積区画　　❷ 高層区画　　❸ 竪穴区画　　❹ 異種用途区画

耐火建築物について教えてください。

 主要構造部が耐火構造である建築物のことです。

　耐火建築物とは、主要構造部が耐火構造である建築物のことをいいます。延焼のおそれのある外壁の開口部に遮炎性能をもつ設備を設ける必要があります。

　耐火建築物は、屋内で火災が発生したケースや、その建築物の周辺で火災が発生したケースにおいて、近隣への延焼を防ぐことができ、火災によって建築物が倒壊したり、建築物自体が極端に変形することがないものである必要があります。

●耐火構造について

　耐火構造とは、火災が収まるまで建築物が倒壊・延焼しない性能（耐火性能）をもつ建築物の構造のことをいいます。耐火性能は、非損傷性、遮熱性、遮炎性の３つを合わせたものになります。

　非損傷性とは、柱や壁などに対して火災による火熱が一定時間加えられた場合に、変形や溶融などの損傷が生じない性能のことをいいます。基準となる加熱時間は、壁や柱などは建築物の階数に応じて１時間〜３時間になります。また、屋根や階段は30分が基準となる加熱時間になります。

　遮熱性とは、壁や床に火災による熱が一定時間加えられた場合に、加熱面以外の面が可燃物が燃焼する温度以上に上昇しない性質のことをいいます。基準となる加熱時間は、原則として１時間になります。

遮炎性とは、外壁や屋根が、屋内で発生した火災による火熱が一定時間加えられた場合に屋外に火炎を出すような亀裂を生じない性質のことをいいます。基準となる加熱時間は、こちらも原則として1時間になります。

　これらの性能をもちあわせることで、建築物が耐火構造をもつことになります。

　なお、耐火構造の構造方法としては、たとえば、間仕切壁の構造について、「鉄筋コンクリート造、鉄骨鉄筋コンクリート造又は鉄骨コンクリート造で厚さが10cm以上のもの」などと定められています（平成12年建設省告示1399号「耐火構造の構造方法を定める件」）。

■ 耐火構造にあたるかどうか ……………………………………………

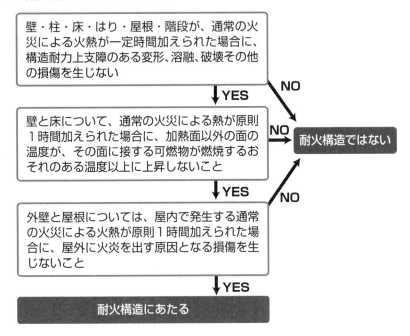

準耐火建築物について教えてください。

耐火建築物と異なり、通常の火災による倒壊を防ぐことまでは目的としていません。

　準耐火建築物とは、主要構造部が準耐火構造である建築物であり、外壁の開口部で延焼のおそれのある部分に遮炎性能をもち、防火設備が備えられたものでなければなりません。

　準耐火建築物は、その建築物の屋内や周囲で火災が発生した際に、簡単には倒壊や延焼をしない建築物です。

　耐火建築物は、通常の火災が終了するまでの間、建築物が倒壊・延焼しないことが必要ですが、準耐火建築物は、通常の火災による延焼を抑制するために必要な性能を有する建築物であればよく、倒壊を防ぐことまでは必要とされていません。

●準耐火構造について

　準耐火構造とは、壁や柱などが火災による延焼を抑制する準耐火性能をもっている構造のことをいいます。準耐火性能があるかどうかは、耐火性能と同様に非損傷性、遮熱性、遮炎性の3つの基準から判断されます。

　非損傷性については、柱や壁が火災による熱を加えられた状態で、45分間変形や損傷を生じないことが必要とされています。準耐火性能では、消防活動が行われた場合に延焼を防止できればよいので、火災が終了するまでではなく45分間損傷が生じないことが必要とされています。屋根や階段については、耐火構造と同じく30分とされています。

遮熱性については、壁や床に火災による熱が加えられた場合に、加熱を開始してから、原則として45分間はその加熱面以外の面の温度が可燃物が燃焼する温度に上昇しないことが必要です。

遮炎性については、屋根や外壁が、屋内で発生した火災の熱により、加熱が始まってから、原則として45分以内に亀裂が生じないことが必要です。

■ **準耐火構造にあたるかどうか** ……………………………………………

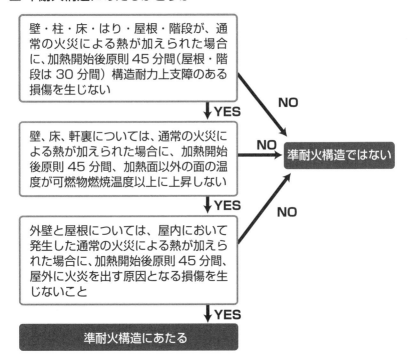

建築物を耐火建築物や準耐火建築物にしなければならない場合について教えてください。

特殊建築物や防火地域・準防火地域内の一定の建築物が該当します。

建築物を耐火建築物や準耐火建築物にしなければならないかどうかは、①建築物が特殊建築物（26ページ）かどうか、②建築物が防火地域・準防火地域にあるかどうか、という点が基準になります。

まず、劇場・映画館・集会場や病院、学校、百貨店、飲食店などの、特に不特定多数の利用が見込まれる「特殊建築物」にあたる建築物については、その階数や規模に応じて、耐火建築物または準耐火建築物にすることが義務付けられています。たとえば、劇場や映画館については、3階以上の場合は耐火建築物にしなければならず、客席が200㎡（屋外観覧席は1,000㎡）以上の場合は準耐火建築物にしなければなりません。

なお、耐火建築物にしなければならない建築物のうち、3階を共同住宅や下宿として利用するなど、一定の要件を満たす場合には、耐火建築物ではなく準耐火建築物とすることが認められています。

また、66ページで述べたように、防火地域内の建築物で3階建て以上の建築物または各階の床面積の合計が100㎡を超える建築物など、一定の規模を超える建築物についても、耐火建築物や準耐火建築物にすることが義務付けられています。

■ 耐火建築物にあたるかどうか ……………………………………………

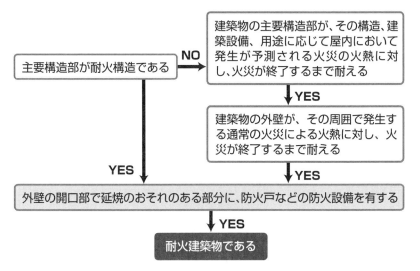

主要構造部が耐火構造である

NO →

建築物の主要構造部が、その構造、建築設備、用途に応じて屋内において発生が予測される火災の火熱に対し、火災が終了するまで耐える

↓ **YES**

建築物の外壁が、その周囲で発生する通常の火災による火熱に対し、火災が終了するまで耐える

YES ↓

↓ **YES**

外壁の開口部で延焼のおそれのある部分に、防火戸などの防火設備を有する

↓ **YES**

耐火建築物である

■ 準耐火建築物にあたるかどうか ……………………………………………

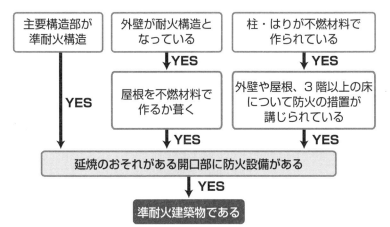

主要構造部が準耐火構造

外壁が耐火構造となっている

↓ **YES**

柱・はりが不燃材料で作られている

↓ **YES**

屋根を不燃材料で作るか葺く

外壁や屋根、3階以上の床について防火の措置が講じられている

YES ↓

↓ **YES**

↓ **YES**

延焼のおそれがある開口部に防火設備がある

↓ **YES**

準耐火建築物である

準防火地域内の木造建築物の防火措置について教えてください。

屋根や外壁などについて、火災や延焼を防止するための一定の基準が設けられています。

　準防火地域では、「地上の階数が4階以上の建築物や延べ床面積が1500㎡を超える建築物は耐火建築物とする」というように、一定の耐火性を備えなければ建設することができない建築物について定められています（66ページ）。そのため、準防火地域内に木造建築物を建てる場合には、火災や延焼を防ぐためのさまざまな措置が求められます。

●屋根についての措置

　まず、建築物の屋根の素材について一定の基準が設けられています。準防火地域にある建築物は、火災が発生した際に火の粉が燃え移ってさらなる火災が生じないような屋根を備えていなければなりません。具体的には、次のような基準を満たす屋根でなければなりません。

・屋根が、市街地における通常の火災から生じる火の粉により、防火上有害な発炎をしないものであること

・屋根が、市街地における通常の火災から生じる火の粉により、屋内に達する防火を行う上で有害な損傷を生じないこと

　具体的には「不燃材料で造るか葺く」「屋根を準耐火構造とする」などの基準が定められています。ただし、不燃性の物品を保管する倉庫で、屋根以外の主要構造部が不燃性の材料で作られている場合には、2つ目の基準を満たす必要はありません。

●**外壁についての措置**

　準防火地域内にある建築物は、外壁の開口部で延焼のおそれのある部分に、遮炎性能をもった防火設備を設ける必要があります。これは、窓や換気口などの開口部から、火災が燃え広がることを防ぐための措置です。

　また、準防火地域内にある建築物の外壁は、建築物の周囲で発生する火災によって延焼することを防ぐ性能をもっている必要があります。この性能のことを防火性能といいます。防火性能があるかどうかは、次のような基準から判断します。

・耐力壁である外壁が、建築物の周囲で発生する火災による熱が加えられた場合に、加熱開始後30分間は損傷を生じないものであること

・外壁および軒裏については、建築物の周囲で発生する火災による熱が加えられた場合に、加熱開始後30分間当該加熱面以外の面の温度が、可燃物が燃焼する温度以上に上昇しないものであること

●**その他の措置**

　その他、準防火地域の木造建築物は、柱および梁は準耐火構造又は一定の場合を除き小径を12cm以上としなければなりません。また、三階の室部分とその他の部分は間仕切り壁又は戸で区画しなければなりません。

■ **準防火地域内の木造建築物の防火措置** ……………………………

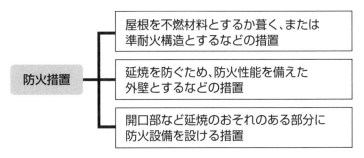

防火材料について教えてください。

不燃材料、準不燃材料、難燃材料の３つが
防火材料に該当します。

建築材料は、燃えにくさによって、不燃材料、準不燃材料、難燃材料、その他それらの指定のないもの、の４つに分けることができます。

不燃材料、準不燃材料、難不燃材料は、国土交通大臣が定めた材料または認定した材料のことで、この３つが防火材料に該当します。これらについては、建築基準法施行令に基準が定められています。

建築材料の不燃性能の有無は、①材料が燃焼しない、②防火に支障が出る損傷や変形が生じない、③避難に支障が出る煙やガスを発生しない、といった３つの観点から判断します。ただし、建築物の外部仕上げに用いるものは、①、②の２つの観点から不燃性能の有無を判断します。

●不燃材料、準不燃材料、難燃材料について

不燃材料とは、火災によって熱が加えられた場合に、熱が加えられ始めてから20分以上、前述の①、②、③の状態を維持しているものをいいます。たとえば、コンクリートやレンガ、鉄、ガラスなどが不燃材料に該当します。

準不燃材料とは、火災による熱が加えられてから10分間①、②、③の状態を維持しているものをいいます。厚さが９mm以上のせっこうボードや、厚さが15mm以上の木毛セメント板が準不燃材料に該当します。

難燃材料とは、火災による加熱が始まってから5分間①、②、③の条件を満たしているものをいいます。難燃合板で厚さが5.5mm以上のものや、厚さが7mm以上のせっこうボードが難燃材料に該当します。

■ 不燃材料の種類

1 コンクリート　　　　2 れんが　　　　　　3 瓦
4 陶磁器質タイル　　　5 石綿スレート　　　6 繊維強化セメント板
7 厚さが3mm以上のガラス繊維混入セメント板
8 厚さが5mm以上の繊維混入ケイ酸カルシウム板
9 鉄鋼　　　10 アルミニウム　　　11 金属板　　　12 ガラス
13 モルタル　　　14 しっくい　　　15 石
16 厚さが12mm以上のせっこうボード
　　（ボード用原紙の厚さが0.6mm以下のもの）
17 ロックウール　　　18 グラスウール板

※建設省告示第1400号を基に作成

■ 準不燃材料の種類

1 不燃材料（上位互換）
2 厚さが9mm以上のせっこうボード（ボード用原紙の厚さが0.6mm以下のもの）
3 厚さが15mm以上の木毛セメント板
4 厚さが9mm以上の硬質木片セメント板（かさ比重が0.9以上のもの）
5 厚さが30mm以上の木片セメント板（かさ比重が0.5以上のもの）
6 厚さが6mm以上のパルプセメント板

※建設省告示第1401号を基に作成

■ 難燃材料の種類

1 準不燃材料（上位互換）
2 難燃合板で厚さが5.5mm以上のもの
3 厚さが7mm以上のせっこうボード（ボード用原紙の厚さが0.5mm以下のもの）

※建設省告示第1402号を基に作成

特殊建築物や大規模建築物の防火措置について教えてください。

規模や用途によって、耐火構造や準耐火構造にすること等が必要になります。

　特殊建築物とは、特定の用途に用いる建築物のことで、以下の建築物が特殊建築物として定められています（建築基準法2条2号）。

学校（専修学校及び各種学校を含む）、体育館、病院、劇場、観覧場、集会場、展示場、百貨店、市場、ダンスホール、遊技場、公衆浴場、旅館、共同住宅、寄宿舎、下宿、工場、倉庫、自動車車庫、危険物の貯蔵場、と畜場、火葬場、汚物処理場、その他上記に類する用途に供する建築物

●特殊建築物の防火措置

　特殊建築物の場合、用途や規模に応じて建築物を耐火建築物または準耐火建築物にする必要があります。

　具体的に耐火建築物にする必要がある建築物は以下のとおりです。

・建築物の3階以上の部分を劇場や映画館や集会場などに用いる場合
・劇場や映画館や集会場などに用いる客席が200㎡以上の場合
・建築物の3階以上の部分を病院やホテルや旅館などに用いる場合
・建築物の3階以上の部分を体育館や博物館や美術館などに用いる場合
・建築物の3階以上の部分を百貨店やナイトクラブやバーなどに用いる場合

・百貨店やナイトクラブやバーに用いる床面積の合計が3000㎡以上である場合

・建築物の中で３階以上の部分の200㎡以上を倉庫として用いる場合

・建築物の３階以上の部分を自動車修理工場や映画スタジオなどとして用いる場合

　また、以下の場合には建築物を耐火建築物か準耐火建築物にする必要があります。

・建築物の２階部分の300㎡以上を病院やホテルや旅館などに用いる場合

・体育館や博物館や美術館などとして用いている部分の面積が2000㎡以上である場合

・２階部分の百貨店やナイトクラブやバーなどに用いている面積が500㎡以上である場合

・倉庫として用いる部分が1500㎡以上である場合

・自動車修理工場や映画スタジオなどとして用いている部分が150㎡以上である場合

●木造３階建ての下宿・共同住宅の防火措置

　木造３階建ての共同住宅や下宿は、原則として耐火建築物にする必要があります。しかし、以下の条件を満たした木造３階建ての共同住宅については、準耐火建築物にすることが認められています。

・防火地域以外の地域にあること

・地階を除く階数が３階（つまり地上３階建て）であること

・３階を共同住宅や下宿としての用途に使用すること

・１時間以上の準耐火性能（非損傷性、遮熱性、遮炎性）をもつ建築物であること

・避難のために必要なバルコニーを設けること

・非常用の進入口を設けること

・幅員が３ｍ以上の敷地内道路を設けること

・3階の各宿泊室の外壁にある一定の条件を満たす開口部に防火設備を設けること

なお、学校等（学校、体育館、美術館、スキー場など）の建築物については、一定の延焼防止措置を講じれば、3階建てであっても準耐火構造で建てることが可能です。

●大規模建築物では特別な防火措置が必要

大規模建築物とは、①高さが13mを超える建築物、②軒の高さが9mを超える建築物、③延べ面積が500㎡を超える建築物、このいずれかに該当する建築物のことをいいます。この①〜③のいずれかに該当する建築物については、特別な防火措置が必要になります。

木材など可燃性の材料によって建てられている建築物は燃えやすく、火災が広がりやすいという特徴があります。そのため、特別な防火設備を設けることが必要とされています。

●主要構造部についての規定

まず、延べ面積が3000㎡を超える大規模木造建築物については、耐火性能検証法（耐火建築物に該当するかどうかを技術的な観点から検証する方法のこと）によって検証された耐火建築物にする必要があります。ただし、延べ面積が3000㎡を超える場合であっても、火災の拡大を3000㎡以内に抑える防火壁等を設けた場合は、準耐火構造等を採

■「特殊建築物」の一覧 ……………………………………………………

- 学校（専修学校・各種学校を含む）　● 体育館　　● 病院
- 劇場　● 観覧場　● 集会場　　● 展示場　　● 百貨店
- 市場　● ダンスホール　● 遊技場　● 公衆浴場　● 旅館
- 共同住宅　● 寄宿舎　● 下宿　● 工場　　● 倉庫
- 自動車車庫　● 危険物の貯蔵場　　● と畜場　● 火葬場
- 汚物処理場　● その他これらに類する用途に供する建築物をいう。

用することが可能です。

　また、延べ面積が3000㎡以下で、高さが13mを超える建築物と、軒の高さが9mを超える建築物については、以下のうちいずれかの措置を講じる必要があります。

・地階を除く階を3階以下として、主要構造部を1時間の準耐火性能を有するものとする。これに加えて、敷地内に幅員3m以上の道路を設ける
・柱やはりに集成材を用いて、柱脚を鉄筋コンクリートの基礎に緊結する
・耐火性能検証法により検証された耐火建築物にする

●**外壁や防火壁**についての規定

　耐火建築物や準耐火建築物には該当しない延べ面積が1000㎡を超える建築物については、1000㎡以内ごとに防火壁での区画をする必要があります。設置する防火壁は、以下の条件を満たす必要があります。

・耐火構造とし、自立する構造とすること。
・木造の建築物の場合には、無筋コンクリート造や組積造としないこと
・防火壁の両端と上端は、建築物の外壁面と屋根面から原則として50cm以上突出させること
・防火壁に設ける開口部の幅と高さは、それぞれ2.5m以下とし、これに特定防火設備を設けること。

●**界壁や間仕切壁など**についての規定

　人が宿泊する建築物では、就寝時に火災が広がることで被害が大きくなる可能性があります。そのため、界壁や間仕切壁などに防火のための措置を講じる必要があります。具体的には長屋または共同住宅の各戸の界壁は準耐火構造として、小屋裏か天井裏に達しているものである必要があります。また、学校、病院、ホテル、旅館、マーケットなどの用途に供する建築物については、その防火上主要な間仕切壁を準耐火構造として、小屋裏か天井裏に達していなければなりません。

Question 10 建築物の内装に関する制限について教えてください。

Answer 壁・天井の仕上げ材料について、燃えにくいものを使用する必要があります。

　建築物の防火には内装材も重要な役割を果たします。屋根や外壁を不燃化して周囲の火災による延焼を防いだとしても、内装材に防火のための措置が講じられていなければ、内部から生じた火災に耐えることができません。また、火災の際に内装材が燃えることで有毒ガスが発生してしまうと、避難に支障がでてしまいます。そのため、建築基準法では内装制限の規定が設けられています。

●フラッシュオーバーとは

　フラッシュオーバーとは、室内で火災が起こった際に、可燃性のガスが部屋の上部にたまり、それが一気に引火して部屋全体が爆発するという現象のことをいいます。フラッシュオーバーが起こると部屋全体が炎に包まれてしまいます。そのため、フラッシュオーバーが起こる前に部屋から避難する必要があります。

　フラッシュオーバーが起こる前に消火することを初期消火といいます。早い段階での消火活動や避難が重要であることを考えると、内装材を燃えにくくすることが必要だといえます。

●どんな建築物が対象なのか

　内装制限を受ける建築物は以下のとおりです。

・劇場、映画館、演芸場、観覧場、公会堂、集会場、病院、診療所、ホテル、旅館、下宿、共同住宅、寄宿舎、百貨店、マーケット、展

示場、キャバレー、カフェ、ナイトクラブ、バー、ダンスホール、遊技場などの用途に用いる特殊建築物で、一定規模以上のもの

・階数が3階以上で延べ面積が500㎡を超える建築物
・2階建の建築物で延べ面積が1000㎡を超える建築物
・1階建ての建築物で延べ面積が3000㎡を超える建築物
・調理室やボイラー室など火器を使用する設備を設置している建築物
・自動車車庫や自動車修理工場
・窓がない居室を有する建築物

●どんな制限があるのか

　内装制限を受ける建築物の内装については、以下のように、防火材料を使用することが求められています。

　まず、居室については難燃材料（82ページ）を用いる必要があります（もちろん、不燃材料や準不燃材料を用いることもできます）。ただし、床から高さが1.2m以下の部分の壁については難燃材料でなくてもかまいません。天井も原則として難燃材料ですが、3階以上に居室がある場合の天井は準不燃材料を用いなければなりません。

■ 内装制限の対象となる建築物 ……………………………………

特殊建築物		大規模建築物	
居室の仕上げ材料に難燃材料か準不燃材料（3階以上の居室の天井）を使う	廊下、階段、通路の仕上げ材料に準不燃材料を使う	居室の仕上げ材料に難燃材料を使う	廊下、階段、通路の仕上げ材料に準不燃材料を使う

火器使用室	排煙上有効な窓がない居室
部屋の仕上げ材料に準不燃材料を使う	部屋、廊下、階段、通路の仕上げ材料に準不燃材料を使う

なお、回り縁や窓台等の二次部材は制限の対象外となりますので、特殊建築物の内装であっても一般の材料を使用することができます。

　また、一定の規模、用途の特殊建築物の地階に設ける居室、自動車修理工場、排煙上有効な窓がない居室などでは、内装に準不燃材料を用いる必要があります。

　廊下や階段の壁や天井については、準不燃材料を用いる必要があります。避難階段については、仕上げにも下地にも不燃材料を用いなければなりません。

●内装制限が適用されない場合もある

　内装制限に関する規定の適用が除外される場合もあります。

　まず、スプリンクラーなど自動の消火設備を設置し、これに加えて排煙設備を設けた場合には、内装制限の規定が適用されません。一定規模以上の特殊建築物のうち100㎡以内ごとに防火区画されている居室や、天井が6mを超えている無窓の居室についても内装制限の規定の適用が除外されます。

■ 特殊建築物の場合の内装の制限 ……………………………………………

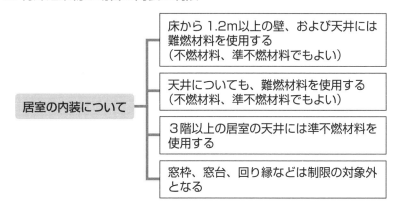

居室の内装について

- 床から1.2m以上の壁、および天井には難燃材料を使用する（不燃材料、準不燃材料でもよい）
- 天井についても、難燃材料を使用する（不燃材料、準不燃材料でもよい）
- 3階以上の居室の天井には準不燃材料を使用する
- 窓枠、窓台、回り縁などは制限の対象外となる

資料　耐火建築物又は準耐火建築物としなければならない特殊建築物

		（い）	（ろ）	（は）	（に）
	用途		(い)欄の用途に供する階	(い)欄の用途に供する部分（(1)項の場合にあっては客席、(2)項及び(4)項の場合にあっては2階、(5)項の場合にあっては3階以上の部分に限り、かつ、病院及び診療所についてはその部分に患者の収容施設がある場合に限る)の床面積の合計	(い)欄の用途に供する部分の床面積の合計
(1)	劇場、映画館、演芸場、観覧場、公会堂、集会場その他これらに類するもので政令で定めるもの		3階以上の階	200 ㎡（屋外観覧席にあっては、1000 ㎡）以上	
(2)	病院、診療所（患者の収容施設があるものに限る)ホテル、旅館、下宿、共同住宅、寄宿舎その他これらに類するもので政令で定めるもの		3階以上の階	300 ㎡以上	
(3)	学校、体育館その他これらに類するもので政令で定めるもの		3階以上の階	2000 ㎡以上	
(4)	百貨店、マーケット、展示場、キャバレー、カフェー、ナイトクラブ、バー、ダンスホール、遊技場その他これらに類するもので政令で定めるもの		3階以上の階	500 ㎡以上	
(5)	倉庫その他これに類するもので政令で定めるもの			200 ㎡以上	1500㎡以上
(6)	自動車車庫、自動車修理工場その他これらに類するもので政令で定めるもの		3 階以上の階		150 ㎡以上

※上表は建築基準法別表第１に掲載されているものである

90

避難施設について教えてください。

 建築物の室内にいる人を安全に外へ避難するための施設です。

建築基準法は、人が多く集まる建築物について、廊下、階段、出入口、屋外通路、避難上有効なバルコニーなどの避難施設についての規定を定めています。

避難施設は、火災などの災害が発生したときに、建築物内にいる人を安全に外へ避難させることができるように設けられた施設をいいます。

対象となる建築物は下図の4つです。

■ **避難施設の基準** ･･

避難対策が必要な建築物

① 特殊建築物
② 階数が3以上の建築物
③ 有効採光面積が居室の床面積の20分の1以上ある窓などの開口部を有しない居室を有する建築物
④ 延べ面積が1,000㎡を超える建築物

それぞれに細かい基準が定められている

扉の構造　施錠装置　廊下の幅　手すりの高さ　階段の配置

 廊下についてはどのような規制があるのでしょうか。

 廊下の幅について、最低限確保しなければならない基準があります。

　建築基準法は、廊下の幅について、用途、規模によって一定の制限を定めています（下図参照）。

■ 廊下の幅について

■ 片廊下

廊下			
居室			

■ 中廊下（両側に居室がある廊下）

居室			
廊下			
居室			

用途・規模	片廊下	中廊下
小・中・高校、中等教育学校の生徒用廊下	1.8m以上	2.3m以上
病院の患者用の廊下	1.2m以上	1.6m以上
共同住宅の住戸・住室の床面積の合計が100㎡を超える階における共用の廊下		
3室以下の専用のものを除き居室の床面積の合計が200㎡を超える階の廊下		
3室以上の専用のものを除き地階の居室の床面積の合計が100㎡を超える階の廊下		

階段についてはどのような規制があるのでしょうか。

一定の規模の建築物には、直通階段の設置義務があります。

　避難階（直接地上に通じる出入口のある階。通常は１階です）以外の階から、避難階または地上へと至る「直通階段」の設置が義務付けられています。「直通階段」とは、その階段だけを通って避難階または地上へと到達できる階段のことです。なお、直通階段の代わりに傾斜路（スロープ）を設置するのでもかまいません。

　直通階段は屋外に設置することもできますが、木造のものは認められていません（準耐火構造の場合は例外はあります）。

　劇場などの場合は、避難階または地上までの直通階段を２つ以上設置しなければなりません。２つ以上の直通階段の設置義務のある建築物・階は以下のとおりです。

① 劇場、映画館、演芸場等で、客席、集会室等のある階
② 床面積の合計が1,500㎡を超える物品販売業を営む店舗で、売場のある階
③ キャバレー、カフェ、バー等で、客席、客室等のある階
④ 病院、診療所、児童福祉施設等で、病室や児童福祉施設等の用途の居室の床面積の合計が50㎡を超える階
⑤ ホテル、旅館、共同住宅、寄宿舎等で、宿泊室や居室、寝室の床面積の合計が100㎡を超える階
⑥ ６階以上で居室のある階や、５階以下で居室の床面積の合計が

100㎡（避難階の直上階は200㎡）を超える階

　ただし、③の５階以下の階と、①〜④の用途以外の６階以上の階で、その階の居室の床面積の合計が100㎡（主要構造部の準耐火構造、または不燃材料の場合は200㎡）以下で、その階に避難上有効なバルコニーまたは屋外通路等があり、その階から避難階または地上に到達する「屋外避難階段」または「特別避難階段」がある場合は、直通階段の設置は１つだけでかまいません。また、③の５階以下の階で、避難階の直上階または直下階で、その階の居室の床面積の合計が100㎡（主要構造部が準耐火構造、または不燃材料の場合は200㎡）以下の場合も、直通階段は１つだけでかまいません。

　次に、出入口についてです。劇場、映画館、演芸場、観覧場、公会堂、集会場での、客席からの出口の扉と、客用の屋外への出口の扉は、内側に向かって開く構造（内開き）の扉であってはいけません。

　屋外の避難階段に屋内から通じる出口や、避難階段から屋外に通じる出口等は、屋内から鍵なしで解錠できなければなりません。また、開錠方法を扉の近くの見やすいところに表示しなければなりません。

■ ２つ以上の直通階段の設置義務のある建築物・階 …………………

① 劇場、映画館、演芸場等で、客席、集会室等のある階
② 床面積の合計が 1,500 ㎡を超える物品販売業を営む店舗で、売場のある階
③ キャバレー、カフェ、バー等で、客席、客室等のある階
④ 病院、診療所、児童福祉施設等で、病室や児童福祉施設等の用途の居室の床面積の合計が 50 ㎡を超える階
⑤ ホテル、旅館、共同住宅、寄宿舎等で、宿泊室や居室、寝室の床面積の合計が 100 ㎡を超える階
⑥ 6階以上で居室のある階や、5階以下で居室の床面積の合計が 100 ㎡（避難階の直上階は 200 ㎡）を超える階

歩行距離の基準について教えてください。

居室の種類や主要構造部の耐火仕様などによって、基準が異なります。

　歩行距離とは、その階の居室内の最も遠い地点から直通階段（傾斜路を含む）までの距離のことです。避難階以外の階について、居室の種類、建築物の主要構造部の耐火仕様、居室から地上に通じる通路の内装の仕上げを準不燃材料で行っているかどうか、および階数に応じて、歩行距離を一定以下にすることとされています（次ページ図）。

　たとえば、採光に有効な窓その他の開口部を有しない居室の面積の合計が、当該居室の面積の20分の1未満の居室等や、百貨店、展示場、遊技場等の一定の特殊建築物の主たる用途に供する居室については、14階以下で、主要構造部が準耐火構造であるかまたは不燃材料で造られていて、内装の仕上げが不燃化されている場合は、歩行距離の上限は40mとされています（内装の仕上げが不燃化されていない場合は、上限は30m。15階以上の階は、10m引いた数値）。なお、令和5年（2023年）4月1日施行の改正建築基準法により、床面積が30㎡以内の居室、または居室及び当該居室から地上に通ずる廊下等（採光上有効に直接外気に開放された部分を除く）で非常用の照明設備を設けている場合で、廊下等や直通階段などについて一定の条件を満たすときには、この歩行距離の制限が緩和されることになりました。

　また、病院、診療所、ホテル、旅館、共同住宅、寄宿舎等の居室では、同じ各条件での数値が、60m、50m、30m、上記以外の他の居室

では、60m、50m、40mと規定されています。

　避難階の場合は、階段から屋外への出口の1つまでの歩行距離の上限は上階の直通階段までの歩行距離の各数値と同じであり、居室の各部分から屋外への出口の1つまでの歩行距離の上限は上記の各数値の2倍に定められています。また、避難階以外の階で、直通階段を2つ以上設置することが義務付けられている場合に、居室から各直通階段までの歩行経路が重複する場合は、その重複区間の長さは上記の歩行距離の各数値の2分の1以下になるようにしなければなりません。

　なお、主要構造部が準耐火構造で、出入口が1階にしかない3階建て以下の共同住宅の2、3階では、直通階段までの歩行距離が40m以下の場合は、歩行距離の制限は適用されません。

■ 居室の種類と歩行距離の基準

居室の種類	歩行距離の基準		その他の場合
	主要構造が耐火構造・準耐火構造または不燃材料で作られている場合		
採光に有効な窓その他の開口部を有しない居室の面積の合計が当該居室の面積の1/20未満の居室（一定の要件を満たす居室は除く）、百貨店、展示場等の主たる用途に供する居室	15階以上（厳しくなる）	20m以下（避難経路の内装を準不燃材料とした場合は30m以下）	30m以下
	14階以下	30m以下（避難経路の内装を準不燃材料とした場合は40m以下）	
病院、診療所、ホテル、旅館、共同住宅、寄宿舎等の居室	15階以上（厳しくなる）	40m以下（避難経路の内装を準不燃材料とした場合は50m以下）	30m以下
	14階以下	50m以下（避難経路の内装を準不燃材料とした場合は60m以下）	
その他の居室	15階以上（厳しくなる）	40m以下（避難経路の内装を準不燃材料とした場合は50m以下）	40m以下
	14階以下	50m以下（避難経路の内装を準不燃材料とした場合は60m以下）	

敷地内通路についてはどのような規制があるのでしょうか。

敷地内を安全に避難できるようにするために一定以上の幅を確保する必要があります。

敷地内通路とは、道路や駐車場から建築物の出口までの通路や、同一敷地内の建築物間の通路のことをいいます。

建築物の利用者が火災時等に避難するためには、建築物から出た後、敷地内通路を通って、道路や避難上有効な公園等の空地などに向かうことになります。

この敷地内通路について、建築物の利用者が安全かつ円滑に避難することができるように、建築基準法は、避難階の屋外への出口や「屋外避難階段」から、道路や公園・広場等の空地へと至る敷地内通路の幅については、原則として1.5m以上としなければならないとしています。

ただし、階数が3階以下であり、かつ延べ面積が200㎡未満である場合には、この制限が緩和され、敷地内通路の幅は90cm以上であればよいことになります。

また、延べ面積が1,000㎡超の大型木造建築物の場合は、その建築物の周囲に幅3m以上の敷地内通路を設置する必要があります。ただし、延べ面積が3,000㎡以下の場合は、隣地境界線に接する部分の敷地内通路の幅は1.5m以上でかまいません。

1つの敷地内に複数の延べ面積1,000㎡以下の木造建築物があり、その延べ面積の合計が1,000㎡超の場合は、延べ面積の合計が各1,000

㎡以内の建築物群に区画し、その周囲に幅３ｍ以上の敷地内通路を設置する必要があります。ただし、それらの建築物群の間を耐火建築物または準耐火建築物が防火上有効に遮っている場合は、このような制限は適用されません。その場合でも、延べ面積が3,000㎡超の場合は、幅３ｍ以上の通路を設置する必要があります。

　いずれの場合もこれらの敷地内通路は、敷地の接する道路まで到達していなければなりません。

　なお、以上のような敷地内通路は、あらゆる建築物に必要となるわけではありません。敷地内通路が必要となる建築物は、①建築基準法別表第１い欄(1)～(4)項の特殊建築物（90ページ表参照）、②階数が３つ以上の建築物、③採光、排煙上有効な開口部を有しない居室を有する建築物、④延べ面積（同一敷地内に２つ以上の建築物がある場合においては、その延べ面積の合計）が1,000㎡を超える建築物です。

■ 敷地内の通路 ……………………………………………

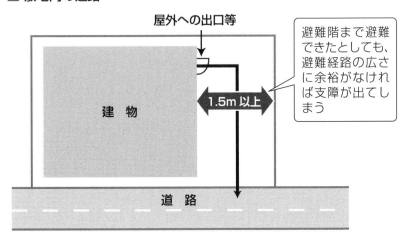

16 避難階段と特別避難階段の設置について教えてください。

災害時に安全に避難するために、通常の直通階段よりも厳しい基準が設けられています。

5階以上の階や地下2階以下の階へと通じる直通階段は、建築基準法が規定している「避難階段」（非常階段）または「特別避難階段」でなければなりません。これらの階段については、通常の直通階段よりも厳しい基準が定められています。なお、主要構造部が準耐火構造または不燃材料で造られている建築物のうち、5階以上の階の床面積の合計が100㎡以下の場合や、地下2階以下の階の床面積の合計が100㎡以下の場合には、「避難階段」「特別避難階段」の設置義務はありません。

15階以上の階や地下3階以下の階に通じる直通階段は「特別避難階段」でなければなりません。ただし、主要構造部が耐火構造で、床面積の合計100㎡（共同住宅の住居部分の場合は200㎡）以内ごとに耐火構造の床・壁や特定防火設備で区画されている場合は、これらの規定は適用されません。

●「避難階段」の内容

建築基準法は、「避難階段」を、「屋内避難階段」と「屋外避難階段」とに分けています。

「特別避難階段」については、屋外に設置するものは認められていません。

屋内避難階段については、建築基準法では以下のような基準が定め

られています。

・階段室は耐火構造の壁で囲まなければならない。

・天井と壁の室内側は、下地を不燃材料で造り、仕上げも不燃材料で行う。

・階段室には、窓などの採光上有効な開口部か、予備電源を有する照明設備を設置する。

・階段に通じる出入口は、遮炎性能を有する防火戸でなければならない。その防火戸は、避難方向へと開くように直接手で開けることができるもので、常時閉鎖式または火災報知器連動型自動閉鎖式の防火戸にする（特定防火設備）。階段は耐火構造で、避難階まで直通していなければならない。また、階段室に設ける窓などの開口部についても、細かい規定が定められている。

　屋外避難階段の場合は、階段本体の構造が耐火構造で、地上まで直通していなければなりません。屋内から屋外非難階段に出る出入口には、上記の屋内避難階段の出入口と同じ規定の防火戸を設置しなければなりません。

　また、屋外避難階段は、その階段への出入口となる開口部以外の建築物の窓などの開口部からは、2m以上の距離を空けなければなりません。これは、火災の際にその開口部から火が噴出してきたようなときに避難に支障が出ないようにするためです。

●「特別避難階段」の内容

　特別避難階段とは、屋内から階段室に入る前にバルコニーや付室（屋内と階段をつなぐ場所のこと）があって、建築物の本体と階段室とを防火上分離している屋内階段です。バルコニーの場合はそのまま屋外に開いており、階段室に煙は入っていきません。通常の避難階段よりもより安全性の高い避難階段となります。

　付室の場合は、外気に向かって開くことのできる窓か排煙設備が設置されており、階段室に煙が入り込むのを防ぐことができます。ですから、特別避難階段は通常の避難階段よりも火災時の安全性が高まっ

ています。階段室や、バルコニー、付室は、耐火構造の壁で囲まなければなりません。階段室と付室の天井と壁の室内側は、下地を不燃材料で造り、仕上げも不燃材料で行います。階段室には、付室に面する窓などの採光上有効な開口部か、予備電源を有する照明設備を設置します。階段室には、バルコニーや付室に面する部分以外に、屋内に向けて窓などの開口部を設けてはいけません。階段本体は耐火構造で、避難階まで直通していなければなりません。

　屋内からバルコニー、付室に通じる出入口には、屋内避難階段の出入口と同じ規定の防火戸を設置しなければなりません。バルコニー、付室から階段室に通じる出入口には、特定防火設備を設置します。

　また、階段室やバルコニー、付室に設ける窓などの開口部についても、面積や防火の仕様等の規定が定められています。

● **大規模店舗の場合の避難施設について**

　床面積の合計が1,500㎡超の物品販売業の店舗では、避難施設の規定は通常の建築物よりも厳しく設定されています。

　売場のある階には、避難階または地上へと通じる、2つ以上の直通階段を設置しなければなりません。

　3階以上の階を物品販売業の店舗にする場合は、各階の売場または屋上広場に通じる直通階段を2つ以上設置しなければなりません。しかも、その直通階段は「避難階段」または「特別避難階段」でなければなりません。また、5階以上の売場に通じる直通階段はその1つ以上を、15階以上の売場に通じる直通階段はそのすべてを、「特別避難階段」にしなければなりません。

　建築物の5階以上の階を百貨店の売場にする場合は、避難用に利用できる屋上広場を設置しなければなりません。

　避難階段や特別避難階段の幅の合計や、それらへの出入口の幅の合計、避難階における屋外への出口の幅の合計は、上記の床面積に応じて一定の幅となるように規定されています。

建築物に設置する必要がある非常用の設備について教えてください。

災害時に備えて、非常用の照明装置や非常用進入口などを設置する必要があります。

いったん災害や火災が発生すると停電が起こりかねません。暗闇の中を避難するのは困難であることから、建築基準法では、停電時でも一定の照度が取れるような非常用の照明装置の設置を規定しています。また、消火や救助に向かう消防隊が建築物の内部に入っていけるような構造になっていなければならないことから、建築基準法では、非常用進入口と非常用昇降機について規定しています。

●**非常用照明装置について**

非常用照明装置の設置が義務付けられる建築物の居室は、①劇場、病院、学校、百貨店など、建設基準法別表第一い欄㈠〜㈣項の用途に利用する特殊建築物の居室、②階数が3以上で、延べ面積が500㎡超の建築物の居室、③採光上有効な開口部の面積が居室の床面積の20分の1以下の居室、④延べ面積が1,000㎡超の建築物の居室です。また、これらの居室から地上へと至る廊下、階段などの通路などにも、非常用照明装置の設置が義務付けられています。ただし、以下の建築物、建築物の部分は、非常用照明装置の設置義務はありません。

・一戸建て住宅、長屋や共同住宅の住戸

・病院の病室、下宿・寄宿舎の寝室等の居室

・学校など

・避難階、避難階の直上階、避難階の直下階で、避難上問題がないも

のなど

　非常用照明装置の構造については、直接照明（間接照明は認められない）で、床面の照度は１ルクス（ルクスとは照度の単位のこと）以上を確保します。火災時に温度が上昇しても、光度が極端に落ちてはいけません。停電時に機能するように、予備電源も必要です。また、火災時に停電した場合に自動的に点灯し、避難するまでの間、室内の温度が上昇した場合でも床面の照度が１ルクス以上確保できる非常用照明装置も、認められています。

●非常用進入口について

　非常用進入口は、高さ31m以下の部分にある、３階以上の階に設置しなければなりません。ただし、不燃性物品の保管等、火災の危険性の少ない用途の階や、屋外からの進入を防止する必要のある階で、その直上階や直下階から進入できる場合は、非常用進入口の設置は免除されます。また、道路や、道路に通じる幅４m以上の通路・空地などに面している各階の外壁面に、長さ10mごとに、一定の大きさ（幅75cm以上で高さ1.2m以上、または、直径１m以上の円が内接できる）の窓等の開口部（代替進入口）が設けられている場合も、非常用進入口の設置は免除されます。

　「非常用昇降機」（非常用エレベーター）を設置している場合も、非常用進入口は必要ありません。

　非常用進入口の構造は、幅が75cm以上、高さが1.2m以上、下端の床面からの高さが80cm以下です。外から開放または破壊して、屋内に進入できる構造でなければなりません。また、外部側には奥行き１m以上、長さ４m以上のバルコニーが必要です。赤色灯の標識を掲示し、また、非常用進入口であることを赤色で表示しなければなりません。非常用進入口は、道路や、道路に通じる幅４m以上の通路・空地などに面している各階の外壁面に、40m以下の間隔で設置しなければなりません。

●**非常用昇降機の設置について**

　高さ31m超の建築物には非常用昇降機（非常用エレベーター）を設置しなければなりません。ただし、高さ31m超の部分が、床面積の合計が500㎡以下の場合や、階段室、機械室、装飾塔、物見塔、屋窓等の場合や、一定の耐火基準を満たしている場合や、一定の条件の下火災発生の危険性の少ない場合には、非常用昇降機の設置は義務付けられていません。

　非常用昇降機の設置台数は、高さ31m超の部分の床面積が最大の階の床面積に応じて決まります。1,500㎡以下の場合は１台で、1500㎡を超えると3000㎡ごとに１台ずつ追加されます。非常用昇降機の乗降ロビーは、耐火構造の床・壁で囲み、下地、仕上げともに不燃材料としなければなりません。バルコニーか窓か排煙設備を設け、出入口は特定防火設備にします。予備電源を有する照明装置も必要です。床面積は１基につき10㎡以上とされています。その他、標識やかごの寸法、速度等のさまざまな規定があります。

■　**非常用照明設備が必要な建築物** ……………………………………………

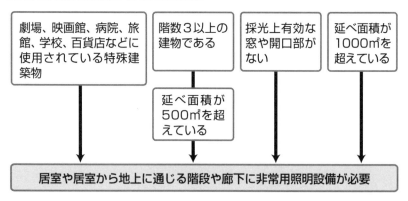

排煙設備について教えてください。

安全に避難できるように、火災時に発生した煙を屋外に排出する設備です。

　火災時の死因は、発生した煙や有毒ガスを吸い込むことによるものが最も多くなっています。視界が遮られるため、避難も遅れます。また、煙や有毒ガスが充満していると、消防隊の消火活動にも支障をきたします。そのため、火災発生時の煙や有毒ガスを適切に屋外に排出する排煙設備が必要になり、建築基準法でも設置が義務付けられています。排煙設備の設置が義務付けられている建築物は、以下のとおりです。

① ⓐ劇場等、ⓑ病院等、ⓒ学校等、ⓓ百貨店等、の特殊建築物のうち、延べ面積が500㎡超のもの

② 階数が3以上であり、延べ面積が500㎡超の建築物（一定の例外はあります）

③ 天井または天井から下方80cm以内の開放可能な部分の面積が床面積の50分の1以上の開口部がない居室

④ 延べ面積が1,000㎡超の建築物の、床面積200㎡超の居室（一定の緩和はあります）

　ただし、以下の建築物の場合、排煙設備の設置義務はありません。

・病院、診療所、ホテル、共同住宅、寄宿舎などで、準耐火構造の床・壁、または遮炎性能のある防火戸等の防火設備で区画された部分で、床面積が100㎡（共同住宅の住居部分では200㎡）以下のもの

・学校、体育館、ボーリング場、スキー場、スケート場、水泳場、ス

ポーツの練習場

・階段の部分、昇降機の昇降路の部分など

・主要構造部が不燃材料で造られた機械製作工場、不燃性物品保管倉庫など

・その他、煙やガスが降下してこない建築物の部分として国土交通大臣が定めるもの（階数が2以下で、延べ面積が200㎡以下の住宅も含まれます）。

●排煙設備の設置に関する基準

排煙設備の設置については、まず、建築物を床面積500㎡以内ごとに防煙壁で区画する必要があります（防煙壁区画部分）。

防煙壁とは、間仕切壁または天井から50cm以上かつ排煙口を壁面に設置する場合は排煙口の下端より下方に突出した防煙垂れ壁（火災の際に煙の流動を妨げる目的で、天井から下方に向かって伸びるように造った壁）のことです。各防煙壁区画部分に排煙設備の排煙口を設置します。排煙口は防煙壁区画部分の天井または天井から下方80cm（丈の最も短い防煙壁の丈が80cmより短い場合はその丈の値）以内の壁に設置します。防煙壁区画部分の各位置から排煙口までの水平距離は30m以下でなければなりません。

排煙口の開口面積は、防煙壁区画部分の床面積の50分の1以上なければなりません。排煙口は、直接外気に接するのでなければ、排煙風道に直結させます。排煙設備の排煙口、排煙風道など、煙に接する部分は、不燃材料で造らなければなりません。電動で開閉する排煙設備には、予備電源も設置しなければなりません。

排煙口には手動開放装置を設けなければなりません。煙感知器と連動する自動開放装置や、遠隔操作方式の開放装置がある場合です。手動開放装置の手で操作する部分は、床面から80cm以上1.5m以下の高さの位置の壁面に設置するか、床面からおおよそ1.8mの高さの位置に天井から吊り下げます。

排煙口は、意図的に開放している場合以外は、閉鎖状態になっているものでなければなりません。また、開放時に排煙に伴う気流によって閉鎖される可能性のない戸等を設けなければなりません。排煙口が直接外気に接しているのでなければ、排煙口に排煙機を設置します。排煙機は排煙口の１つが開放された場合には自動的に作動するものでなければならず、時間当たりの排出量も規定されています。

　この他に、送風機を備えた排煙設備等の特殊な排煙設備もあります。

■ 防煙区画の設置基準

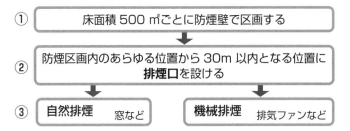

① 床面積500㎡ごとに防煙壁で区画する

② 防煙区画内のあらゆる位置から30m以内となる位置に**排煙口**を設ける

③ **自然排煙**　窓など　　　**機械排煙**　排気ファンなど

■ 建物に設置する防煙壁と排煙口

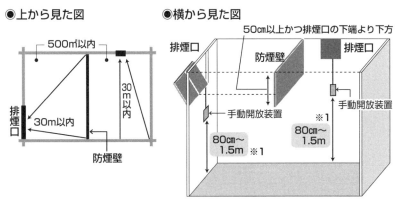

●上から見た図　　　●横から見た図

500㎡以内

30m以内

排煙口

30m以内

防煙壁

50cm以上かつ排煙口の下端より下方

排煙口　　　防煙壁　　　排煙口

手動開放装置

手動開放装置

80cm〜1.5m　※1

80cm〜1.5m　※1

※1 手動開放装置の操作部分は床面から80cm〜1.5mの高さ（天井から吊り下げる場合には床面からおおむね1.8mの高さ）に設置し、見やすい方法で使用方法を表示することが必要。

避難安全検証法について教えてください。

建築基準法の規定の一部の適用を除外することができる性能規定です。

　建築基準法には、建築物の安全などに関する多くの基準が定められていますが、一定の範囲について別の方法で建築物の安全性が証明できれば、これらの規定を適用しなくてもよいといえます。具体的には、避難安全検証法と呼ばれる検証方法によって建築物の避難安全性能が確認された建築物については、建築基準法の一定の規制が適用されないことになります。

　建築基準法における避難規定には以下の3つの種類があります。ルートAとは、一律に定められた従来からの仕様規定に合致しているものを指します。そして、建築基準法の規制が免除される場合は、以下の2種類に分かれます。まず、ルートBは、政令や告示で定められた計算式によって安全性を検証する方法をいい、後述の「階避難安全検証法」と「全館避難安全検証法」の2つに分類されます。そして、ルートCは、ルートBの告示で定められた計算式を用いずにコンピュータによるさまざまなシミュレーションを行って避難安全性能を証明する方法を指します。ルートCに関しては、国土交通大臣の認定が必要になります。

●どんなことを規定しているのか

　建築物の避難安全性能には、①各階のどの居室で出火した場合でも、その階のすべての人がその階の直通階段の1つに避難するまで、煙や

ガスが一定の高さ（避難上支障のある高さ）までに降下しない階避難安全性能と、②その建築物のすべての階にいる人の全員が地上に避難するまで煙やガスが一定の高さまでに降下しない全館避難安全性能の2つがあります。階避難安全性能と全館避難安全性能の2つの性能を確認する方法には、前述のルートBの一般的な検証法と、ルートCの大臣認定を要する検証法の2つがあります。ルートBでは、階避難安全性能を検証する方法として「階避難安全検証法」が、全館避難安全性能を検証する方法としては「全館避難安全検証法」があります。

「階避難安全検証法」は、火災等が発生した部屋から出るまでの安全性能を確認することを前提とし、次に火災等が発生した階の全員が避難するまでの安全性能を確認する2段階方式になっています。

他方、「全館避難安全検証法」は、「階避難安全検証法」を前提とした上で、建築物の全館における安全性能を確認することを目的としています。つまり、「階避難安全検証法」「全館避難安全検証法」のどちらにおいても、火災発生時に避難者が自力で避難するために、「避難安全性を確保できている建築物かどうか」を検証します。具体的には、建築物の各部分から出入り口まで避難するまでの時間を、出入り口までの距離や扉の大きさなどから算定します。その後、出火した部屋（火災室）から建築物の各室の火災伝播経路を室の内装や建具等や、用途から可燃物の量を想定して、火災の燃え広がり方を想定し、天井の高さや面積を火災によって発生した煙やガスが避難できない高さ（具体的には1.8m）まで降下してくるまでの時間を算定します。それらを比較し、建築物のどの場所にいても避難するまでの時間が煙・ガスが降下するまでの時間よりも短くなれば、一定の範囲の避難規定や内装制限、防火区画等が免除されます。

なお、ルートCの場合は、指定性能評価機関で評価を得た後、国土交通大臣の認定を受けることになります。

資料　避難安全性能を確かめることにより適用が除外される避難関係規定

（建築基準法施行令）

項目	条	項	規定の概要	階避難安全性能を有するもの	全館避難安全性能を有するもの
防火区画	112	7	11階以上の100㎡区画	—	○
		13	竪穴区画	—	○
		18	異種用途区画	—	○
避難施設	119		廊下の幅	○	○
	120		直通階段までの歩行距離	○	○
	123	1	避難階段の構造 第1号　耐火構造の壁 第6号　防火設備	—	○
		2	屋外避難階段の構造 第2号　防火設備	—	○
		3	特別避難階段の構造 第1、2号　付室の設置 第12号　付室などの面積	○	○
			第10号　防火設備	○*	○
			第3号　耐火構造の壁	—	○
	124	1	物品販売業を営む店舗における避難階段の幅 第2号　階段への出口幅	○	○
			第1号　避難階段等の幅	—	○
屋外への出口	125	1	屋外への出口までの歩行距離	—	○
		3	物品販売業を営む店舗における屋外への出口幅	—	○
排煙設備	126-2		排煙設備の設置	○	○
	126-3		排煙設備の構造	○	○
内装制限	128-5		特殊建築物の内装（第2、6、7項および階段に係る規定を除く）	○	○
			自動車車庫等、調理室等		

＊屋内からバルコニーまたは付室に通ずる出入口に係る部分に限る

第4章

構造基準と室内環境保護

建築物の構造強度について教えてください。

建築基準法施行令が構造強度について幅広く定めています。

　建築物を建てる場合に、その建築物が倒壊しないような構造にすることは、建築の上で基礎的な事柄です。

　建築物が建てられた後に地震や台風などに見舞われる可能性は十分にあります。北日本であれば、大雪が降ることでその雪の重みで建築物がつぶされてしまう可能性もあります。また、天災が起こらなくても、建築物内に持ち込まれた荷物の重量に耐えられず、床が落ちてしまうということも考えられます。

　そのため、建築基準法施行令第3章では、構造方法に関する技術的基準や構造設計の原則の他、構造機材等の基準や、木造、組積造、補強コンクリートブロック造、鉄骨造、鉄筋コンクリート造、鉄骨鉄筋コンクリート造、無筋コンクリート造などの構造種別の使用規定、さらに構造計算の基準などを定められています。

　たとえば、建築基準法施行令は、構造設計の原則として、建築物の構造設計にあたっては、その用途、規模及び構造の種別並びに土地の状況に応じて柱、はり、床、壁等を有効に配置して、建築物全体が、これに作用する自重、積載荷重、積雪荷重、風圧、土圧及び水圧並びに地震その他の震動及び衝撃に対して、一様に構造耐力上安全であるようにするべきであると規定しています。つまり、建築物は、自重、積載荷重、積雪荷重、風圧、土圧、水圧、地震などに対して安全な構

造のものとする必要があります。

自重とは、建築物本体の重量のことをいいます。自重は、木造、鉄骨造、鉄筋コンクリート造の順で重くなります。

また、積載荷重とは、家具や人など建築物の内部に加わる重量のことをいいます。積載荷重については、通常の場合、住宅、店舗、倉庫の順に重くなっていきます。

たとえば、2階の床が落ちて1階にいた人が負傷するという事故は、想定されていた荷重を超えた積載荷重がかかったことにより起こる事故だといえます。

また、構造耐力上主要な部分については、新築時はもちろん、長い年月を経た後も、劣化せず耐力を保持できるようにしなければなりません。

そのため、構造耐力上主要な部分で特に腐食、腐朽、摩損のおそれがある場合には、腐食、腐朽、摩損しにくい材料を使用したり、さび止めなどの措置を講じた材料を使用する必要があります。

■ 構造強度についての建築基準法施行令の規定 ……………………

```
           ┌─────────────────────────┐
           │  構造強度についての規定  │
           └─────────────────────────┘
```

仕様規定	構造計算についての規定
・構造部材についての規定 ・木造についての規定 ・組積造についての規定 ・補強コンクリートブロック造についての規定 <div align="right">など</div>	・保有水平耐力計算についての規定 ・限界耐力計算についての規定 ・許容応力度等計算についての規定 ・荷重や外力についての規定 <div align="right">など</div>

建築物の構造については具体的にどのような規制があるのでしょうか。

建築物の安全性を確保するために、耐久性や強度などについて一定の基準が存在します。

　建築物の構造については、建築物の種類に応じて以下のような規制が行われています。

① 　高さが60mを超える建築物の構造方法は、荷重と外力によって建築物の各部分に連続的に生ずる力と変形を把握することなど、基準に従った構造計算によって安全性が確かめられたものとして国土交通大臣の認定を受けたものであることが必要です。

② 　高さが60m以下の建築物のうち大規模な建築物（ⓐ木造：高さ13m超または軒高9m超、ⓑ鉄骨造：4階建て以上、ⓒ鉄筋コンクリート造：高さ20m超）については、安全上必要な構造方法に関して一定の基準を満たしていることが必要です。地震によって建築物の各階に生じる水平方向の変形など、安全性を構造計算によって確かめることが求められます。ただし、この基準でなくても、①の基準を満たすものであってもよいとされています。

③ 　高さが60m以下の建築物のうち、中規模の建築物（ⓐ木造：3階建て以上または延べ面積500㎡超、ⓑ木造以外：2階建て以上または延べ面積200㎡超）については、必要な耐久性を備えていることなど、安全性について一定の基準を満たしていることを構造計算によって確かめることが必要です。また、①か②の基準を満たすものであってもよいものとされています。

④ ①・②・③以外の建築物については、政令で定める技術的基準に適合することが必要です。また、①、②、③のいずれかの基準に適合するものでもよいとされています。

●耐久性等関係規定について

建築物の耐久性に関する建築基準法などの定めのことを、耐久性等関係規定といいます。耐久性等関係規定には以下のようなものがあります。

・構造設計の原則

建築物の構造設計にあたっては、用途・規模・構造の種別・土地の状況に応じて、柱、はり、床、壁等を有効に配置して、固定荷重、積載荷重、積雪荷重、風圧、地震等の荷重や外力に対して、建築物全体が構造上安全であるように設計する必要があります。

・構造部材の耐久性

構造耐力上主要な部分で特に腐食等のおそれのあるものには、腐食・腐朽・磨損しにくい材料を使用するか、それを防ぐための措置を講じる必要があります。

・基礎

基礎や基礎杭は建築物に作用する荷重および外力を安全に地盤に伝え、かつ地盤の沈下や変形に対して構造耐力上安全なものとする必要があります。

・屋根葺き材等の緊結

屋根葺き材や内装材、外装材等は、風や地震等によって脱落しないようにしなければなりません。

・木材

構造耐力上主要な部分に使用する木材の品質は、節・腐れ・繊維の傾斜・丸身等による耐力上の欠点がないようにしなければなりません。

・木造の外壁内部等の防腐措置

木造の外壁のうち、構造部材が腐りやすい構造である部分の下地に

は防水紙等を使用し腐朽をしないようにする措置を施す他、地面から1m以内の柱・筋交い・土台については有効な防腐措置を施す必要があります。

・鉄骨造の柱の防火被覆

地階を除く階数が3以上の建築物の柱については、1本の柱に対する加熱による低下のために建築物全体が倒壊するおそれがある場合、所定の防火措置を講じる必要があります。

・コンクリート材料

コンクリートの骨材や水、混和材料などに、コンクリート の硬化・強度の発現・耐久性を妨げるような成分が含まれてはいけません。

・コンクリートの強度

コンクリートの4週圧縮強度（コンクリート打設後4週間経た時点でのコンクリートの強度。この時点で強度が発現しているかどうかがコンクリート強度の確認の指標となります）は12N/㎟（軽量骨材 を使用する場合は9N/㎟）以上にする必要があります。

なお、「N」とは国際単位系で定められた力を表す単位のことで、「ニュートン」と読みます。

・コンクリートの養生

コンクリートの打込み中および打込み後5日間は、コンクリートの温度が2℃を下回らないようにし、かつ乾燥、振動等によってコンクリートの凝結・硬化が妨げられないように養生する必要があります。

・型枠・支柱の除去

構造耐力上主要な部分に係る型枠および支柱は、コンクリートが自重や施工中の荷重によって変形したり、ひび割れたりしない強度が発現するまで型枠や支柱を取り外してはいけません。

・鉄筋のかぶり厚さ（コンクリートの端から鉄筋までの距離）

鉄筋のかぶり厚さは、耐力壁以外の壁・床では2cm以上、耐力壁・柱・はりでは3cm以上、土に直接接する壁・柱・床では4cm以上、

基礎では６cm以上にする必要があります。

・鉄骨のかぶり厚さ

　鉄骨鉄筋コンクリート造（SRC造）の鉄骨に対するコンクリートのかぶり厚さは５cm以上にする必要があります。

・構造方法に関する補足

　その他上記以外の構造方法や、特殊な構造については国土交通大臣が定めた規定に従う必要があります。

■ おもな耐久性等関係規定 ···

● **構造設計の原則**：
　荷圧や外力に対し建築物全体が構造上安全であるように設計する必要

● **構造部材の耐久性**：
　腐食・腐朽・摩損しにくい材料の使用・防止措置が必要

● **基礎**：
　建築物に作用する荷重・外力を安全に地番に伝え、地盤沈下・変形に対し構造耐力上安全なものとする

● **屋根葺き材・内装材・外装材等の緊結**

● **構造耐力上主要な部分に使用する木材の品質**

● **木造の外壁内部等の防腐措置等**

● **鉄骨造の柱の防火被覆措置**

● **コンクリート材料・強度・養生に関する規制**

● **構造耐力上主要な部分に係る型枠・支柱の除去の制限**

● **鉄筋・鉄骨のかぶり厚さ**
　鉄筋のかぶり厚さは、耐力壁以外の壁・床では２cm以上、耐力壁・柱・はりでは３cm以上、土に直接接する壁・柱・床では４cm以上、基礎では６cm以上SRC造の鉄骨に対するコンクリートのかぶり厚さは、５cm以上

建築物の構造計算について教えてください。

構造計算は、建築物の安全性を確認するための計算方法です。

　建築物は、構造上の安全性を確保するために、構造方法を技術的な仕様規定に適合させることが必要とされます。それに加え、地震や台風時など、大きな外力が加わった時でも安全性を確認するために、一定規模以上の建築物に対しては構造計算を行うことが義務付けられています。構造計算により建築物の安全性が確認され、建築物の倒壊や崩落といった危険を防ぐことができます。

　建築物には、超高層建築物、大規模建築物、中規模建築物、小規模建築物があります。それぞれの建築物の規模に応じて、構造計算の方法の基準が異なってきます。

① **超高層建築物**

　高さが60mを超える建築物のことです。

② **大規模建築物**

　高さが60m以下の建築物のうち、以下の要件を満たす建築物のことです。

　高さが60m以下の建築物で、

ⓐ　木造で高さ13m超。または軒高9m超

ⓑ　鉄骨造で4階建て以上

ⓒ　鉄筋コンクリート造で高さ20m超

③ **中規模建築物**

②以外の、高さが60m以下の建築物で、

ⓐ 　木造で３階建て以上。または延べ面積500㎡超

ⓑ 　木造以外で、２階建て以上。または延べ面積200㎡超

ⓒ 　主要構造部を石造、レンガ造、コンクリートブロック造、無筋コンクリート造などの構造とした建築物で高さ13m超。または軒高９m超

④ **小規模建築物**

　上記①～③以外の建築物のことです。なお、一般的に多く普及している木造２階戸建て住宅（延べ面積が200㎡以下のもの）は、構造計算が義務付けられていません。そのため、建築確認申請時に構造計算の審査を簡略化することが認められており、建築士が設計していれば構造計算書を添付しなくても建築確認申請を受けることが可能です。もっとも、審査上書類の提出が不要なだけで安全性のチェックが不要というわけではありません。

■ **構造計算の基準となる建築物の区分** ⋯⋯⋯⋯⋯⋯⋯⋯⋯⋯⋯⋯⋯⋯⋯⋯⋯

建築物の区分

① 高さが60mを超える建築物

② 高さが60m以下の建築物で、
a 木造で高さ13m超。または軒高９m超
b 鉄骨造で４階建て以上
c 鉄筋コンクリート造で高さ20m超

③ ②以外の、高さが60m以下の建築物で、
a 木造で３階建て以上。または延べ面積500㎡超
b 木造以外で、２階建て以上。または延べ面積200㎡超
c 主要構造部を石造、レンガ造、コンクリートブロック造、無筋コンクリート造などの構造とした建築物で高さ13m超。または軒高９m超

①、②、③以外の建築物

※建築物の区分によって構造基準が異なる

構造計算の方法にはどのようなものがあるのでしょうか。

建築基準法は構造計算について４つの方法を定めています。

構造計算の方法について、建築基準法は４種類を定めています。

① 時刻歴応答解析

時刻歴応答解析では、以下の項目について判定します。

ⓐ 荷重や外力によって建築物の各部分に連続的に生ずる力や変形を把握すること

ⓑ ⓐにより把握した力や変形が建築物の各部分の耐力や変形限度を超えないことを確かめること

ⓒ 屋根葺き材、外装材、屋外に面する帳壁が風圧や地震などの震動や衝撃に対して構造耐力上安全であることを確かめること

ⓓ ⓐ～ⓒの他、建築物が構造耐力上安全であることを確かめるため必要なものとして国土交通大臣が定める基準に適合すること

② 保有水平耐力計算

以下の方法により行う構造計算です。

ⓐ 荷重と外力によって建築物の構造耐力上主要な部分に生ずる力を国土交通大臣が定める方法により計算すること

ⓑ ⓐの構造耐力上主要な部分の断面に生ずる長期・短期の各応力度を、積雪・固定荷重・積載荷重・風圧力などを加味した計算式により計算すること

ⓒ ⓐの構造耐力上主要な部分ごとに、ⓑの規定によって計算した長

期・短期の各応力度が、それぞれ長期に生ずる力と短期に生ずる力に対する各許容応力度を超えないことを確かめること

ⓓ 国土交通大臣が定める場合は構造部材の変形、振動によって使用上の支障がないことを確かめること

この他にも、層間変形角や屋根葺き材等の構造計算によって確認を行う必要があります。

③ **限界耐力計算**

以下の方法により行う構造計算です。

ⓐ 地震時を除いて、保有水平耐力計算のところで示したⓐ〜ⓒの方法による計算をすること

ⓑ 積雪時や暴風時に、建築物の構造耐力上主要な部分に生ずる力を固定荷重や積載荷重を考慮した式によって計算し、当該構造耐力上主要な部分に生ずる力が、材料強度によって計算した構造耐力上主要な部分の耐力を超えないことを確かめること

ⓒ 建築物の存在期間中に1回以上遭遇する可能性の高い中規模の積雪・暴風・地震時に建築物が損傷しないことを確かめること（損傷限界の確認）

ⓓ 極めてまれに発生する大規模の積雪・暴風・地震時に建築物が倒壊しないことを確かめること（安全限界の確認）

ⓔ 屋根葺き材、外装材等が構造耐力上安全であることを確かめること

④ **許容応力度等計算**

以下の方法により行う構造計算です。

ⓐ 保有水平耐力計算で用いた方法の一部を用いる

ⓑ 剛性率、偏心率について計算する

ⓒ 建築物の地上部分について、国土交通大臣がその構造方法に応じ、地震に対し、安全であることを確かめるために必要なものとして定める基準に適合すること

建築物の規模に応じた構造計算について教えてください。

小規模建築物では構造計算は不要となります。

建築物には、高さが60mを超える建築物（超高層建築物）、高さが31mを超え60m以下の建築物または高さが31m以下の建築物（大規模建築物）、中規模建築物、小規模建築物があります（118ページ参照）。それぞれの建築物の規模に応じて、構造計算が異なってきます。

高さが60mを超える建築物（超高層建築物）については、建築物の各部分に生じる力などを連続的に把握することができる「時刻歴応答解析」という計算方法を用います。超高層建築物の構造計算は、この方法以外は認められていません。

高さが31mを超え60m以下の大規模建築物については、「保有水平耐力計算」または「限界耐力計算」という計算方法により構造計算を行います。高さが31m以下の大規模建築物については、「許容応力度等計算」という計算方法により構造計算を行います。なお、大規模建築物については、設計者の判断によって超高層建築物に対する規定を適用させることもできます。

中規模建築物については、「許容応力度計算」（保有水平耐力計算で用いた方法の一部を行う）と屋根葺き材等の構造計算を行います。また、一次設計を行い、すべての仕様規定に適合させます。中規模建築物については、設計者の判断により、超高層建築物に対する基準や大規模建築物に対する基準を適用させることもできます。

小規模建築物は、構造計算を行う必要はありません。ただし、建築物の安全性を確保するために、すべての仕様規定に適合させなければなりません。なお、小規模建築物については、設計者の判断により、超高層建築物、大規模建築物、中規模建築物の基準を適用させることもできます。

●**許容応力度等計算における一次設計と二次設計**

　構造計算のうち、許容応力度等計算においては、以下のように、一次設計と二次設計が行われます。

① **一次設計**

　建築物に対する構造計算により、建築物が存在している間にさらされる可能性のある高い外力に建築物が損傷しないことを確かめます。外力とは、積雪や暴風、それに地震などのことをいいます。ここで行う構造計算のことを一次設計といいます。

　具体的には、許容応力度計算などの構造計算を行い、建築物の安全性を確かめます。

　一次設計を行うことで、中規模の地震時に建築物が損傷しないかどうかの検証が行われます。大規模な地震に耐えられるかどうかは、二次設計により対応します。

② **二次設計**

　規模が大きい建築物については、建築物全体としての地震に対する安全性を確かめるために二次設計を行います。二次設計では、大規模な地震によって、多少の損傷はあっても建築物が倒壊するような危険な壊れ方をしないかどうかを検証します。

　昭和56年（1981年）に改正された新耐震と呼ばれる耐震基準は、この二次設計による安全性を定めたものです。

建築物の構造設計について教えてください。

建築物の強度や安全性を確保するために、基礎や骨組みを設計します。

　荷重と外力には、固定荷重、積載荷重、積雪荷重、風圧力、地震力などの種類があります。

　固定荷重とは建築物自体の重さのことです。固定荷重は建築物の実況に応じて計算することもできますが、建築基準法施行令が定めている計算方法を用いることもできます。建築基準法施行令では、たとえば、瓦ぶきの屋根については1㎡あたり640N（ニュートン）としてこれに面積を掛けた値を固定荷重とすることができます。

　積載荷重とは、床の上の荷物や人間の重さのことです。積載荷重は建築物の実況に応じて計算することもできますし、建築基準法施行令が定めている計算方法を用いることもできます。建築基準法施行令では、たとえば、住宅の居室について床の構造計算をする場合には、1㎡あたり1800Nとしてこれに面積を掛けた値を積載荷重とすることができます。積雪荷重とは、雪が積もることにより生じる重さのことです。積雪荷重は、積雪の単位荷重に屋根の水平投影面積とその地方における垂直積雪量を掛けて計算する必要があります。積雪の単位荷重は、原則として、積雪量1cmごとに1㎡につき20N以上とする必要があります。

　風圧力とは、風によって生じる圧力のことです。風圧力は、速度圧に風力係数を掛けることで求めることができます。速度圧は、屋根の

高さや周辺の建築物などを考慮して算出します。また、風力係数は、建築物の断面や平面などを考慮して算出します。地震力とは、地震により建築物にかかる力のことです。建築物の地上部分の地震力は、固定荷重と積載荷重を加えたものに地震層せん断力係数を掛けることで算出します。地下部分の地震力は、固定荷重と積載荷重を加えたものに水平震度を掛けることで算出します。

●構造設計の原則

建築物の構造設計の際には、用途・規模・構造の種別・土地の状況に応じて柱、はり、床、壁などを有効に配置する必要があります。また、建築物全体が、これに作用する自重、積載荷重、積雪荷重、風圧、土圧、水圧、地震その他の震動・衝撃に対して、構造耐力上安全であるようにする必要もあります。そのために、構造耐力上主要な部分は、建築物に作用する水平力に耐えるように、釣合いよく配置しなければなりません。

なお、建築物の構造耐力上主要な部分には、使用上の支障となる変形・振動が生じないような剛性（建築物の硬さ、頑強さ）、瞬間的破壊が生じないような靭性（建築物の粘り強さ）をもたせる必要があります。

●基礎について

建築物の基礎は、建築物に作用する荷重と外力を安全に地盤に伝え、地盤の沈下や変形に対して構造耐力上安全なものとする必要があります。また、建築物には、異なる構造方法による基礎を併用することはできません。建築物の基礎の構造は、建築物の構造・形態・地盤の状況を考慮して国土交通大臣が定めた構造方法を用いなければなりません。この場合、高さ13mか延べ面積3000㎡を超える建築物で、建築物に作用する荷重が最下階の床面積1㎡につき100kN（キロニュートン、kNはNの1000倍）を超えるものについては、基礎の底部を良好な地盤に達するようにする必要があります。

給水・排水に関する設備について教えてください。

給水・排水設備の構造や設置場所については一定の規制があります。

　給水に関する設備とは、水道事業者の敷設した配水管から分岐して設置された給水管と、それに直結する給水用具をいいます。給水用具には、屋上に設置された受水槽や、揚水ポンプなどがあります。

　給水設備の水質の基準については水道法が詳しく規定している他、建築基準法では建築物内でそれらを安全に衛生的に供給できるように、おもに配管についての規定が設けられています。また、給水の配管設備の構造や設置場所については、腐食防止のための措置や安全装置の設置などを行わなければなりません（130ページ）。

　排水には、雨水と、便所からの屎尿排水である汚水と、台所や浴室などから排出される雑排水とがあります。排水に関する設備とは、それらの排水に必要な排水管やためます（下水などを溜めておく設備のこと）などをいいます。なお、排水の配管設備についても、給水の配管設備と同様に構造や設置場所に関する規制があります（130ページ）。

●便所についての規制

　便所には採光と換気のために直接外気に接する窓を設置しなければなりません。ただし、水洗便所の場合は、その代わりとなる照明設備・換気設備を設置すればかまいません。

　くみ取り便所については、構造上、①屎尿に接する部分から漏水しないこと、②屎尿の臭気が建築物の他の部分や屋外に漏れないこと、

③便槽に雨水や土砂等が流入しないこと、の３点が必要です。

　また、くみ取り便所の便槽は、井戸から５m以上離して設置しなければなりません。

●**浄化槽についての規制**

　便所から排出する汚物を、終末処理場を有する公共下水道以外に放流しようとする場合は、屎尿浄化槽を設置しなければなりません。

　屎尿浄化槽や合併処理浄化槽（屎尿と一緒に雑排水を処理する浄化槽）については、汚物処理性能が規定されています。特定行政庁（市町村長や都道府県知事）が指定する区域の区分と、処理対象人数に応じて、浄化槽による生物化学的酸素要求量（BOD）の除去率の下限値と、浄化槽からの放流水のBODの上限値とが定められています。

　また、放流水に含まれる大腸菌群数が１㎥あたり3000個以下にまで低下しなければなりません。

　屎尿浄化槽や合併処理浄化槽は、満水にして24時間以上漏水しないことを確認する漏水検査を行わなければなりません。

■ **便所の種類** ……………………………………………………………

処理区域（汚物を処理場で処理できる区域）内では下水管へ直接放流が可能だが（①）、処理区域外では下水管が敷設されていないため、いわば垂れ流しをしてはいけない（②一度浄化槽を通して河川や側溝へ放流することが必要）

換気設備や空気調和設備について教えてください。

自然換気設備、機械換気設備、中央管理方式の空気調和設備があります。

　換気設備・空気調和設備には、①自然換気設備、②機械換気設備、③中央管理方式の空気調和設備の３種類があります。建築基準法施行令は、これらの設備について、一定の基準を定めています。

① 自然換気設備とは、給気機や排気機のない換気設備のことです。開閉することができるものであれば、一般的な窓も自然換気設備として扱われます。自然換気設備については、換気上有効な給気口と排気筒を有することや、給気口は、居室の天井の高さの２分の１以下の高さの位置に設け、常時外気に開放された構造とすること、排気口（排気筒の居室に面する開口部）は、給気口より高い位置に設け、常時開放された構造とし、かつ、排気筒の立上り部分に直結すること等の基準が定められています。

② 機械換気設備とは、給気機または排気機を有する換気設備のことで、次の３種類があります。
　ⓐ 給気機と排気機を有するもの
　ⓑ 給気機と自然排気口を有するもの
　ⓒ 自然給気口と排気機を有するもの

③ 建築物に設置する中央管理方式の空気調和設備とは、中央管理室で建築物全体の空調を制御する換気設備のことです。中央管理室は、避難階か、その直上階、または直下階に設置しなければなりません。

電気設備、避雷設備について教えてください。

20mを超える高さの建築物には原則として避雷設備が必要です。

　建築物の電気設備とは、照明設備やコンセント設備、受変電設備、幹線設備、動力設備などのことをいいます。建築物の電気設備については、建築基準法は、法律又はこれに基く命令の規定で電気工作物に係る建築物の安全及び防火に関するものの定める工法によって設けなければならないと規定しており、電気事業法や電気用品安全法、電気工事士法、消防法などが定める基準やこれらに基づく命令に従って設置等をする必要があります。

　また、建築物の電気設備には、落雷による被害を受けないよう保護するための避雷設備も含まれます。避雷設備については、周囲の状況から安全上問題がない場合を除き、高さ20m超の建築物に設置しなければなりません。その際、建築物の高さ20m超の部分を雷撃から保護するように設置します。

　避雷設備は、雷撃により生じる電流を、建築物に被害を及ぼすことなく安全に地中に流すことができる構造でなければなりません。

　さらに、雨水等により腐食の可能性のある避雷設備の部分は、腐食しにくい材料を用いるか、適切な腐食防止措置をとらなければなりません。

ガス設備や配管設備について教えてください。

Answer ガス漏れ警報設備の設置の基準などが定められています。

　ガス設備とは、ガスを供給し、利用するための設備です。ガス用の配管設備も含まれます。建築物によっては一定の基準を満たしたガス設備を備える必要があります。たとえば、3階以上の共同住宅の住居部分にガス漏れ警報設備がない場合、設置するガス栓については、ガスが過流出した場合に自動的にガスの流出を停止することができる機能を備えていることが求められています。

　配管設備については、次のような規制があります。

① コンクリートへの埋設等により腐食する可能性のある部分には、腐食防止措置をとること

② 構造耐力上主要な部分を貫通して配管する場合は、建築物の構造耐力上問題が生じないようにする

③ 原則として、昇降機の昇降路内に設けない

④ 飲料水の配管設備とその他の配管設備は直接連結させない

⑤ 飲料水の配管設備は、漏水しないもの、配管設備から溶出する物質によって汚染されないもので、適切な凍結防止措置をとる

⑥ 排水の配管設備は、適切な容量、傾斜、材質を有し、排水トラップや通気管等の衛生上の措置をとる

⑦ 排水の配管設備の汚水に接する部分は不浸透質の耐水材料で造る

昇降機について教えてください。

エレベーター、エスカレーター、小荷物専用昇降機の3種類があります。

　建築基準法上の「昇降機」には、「エレベーター」「エスカレーター」「小荷物専用昇降機」の3種類があります。

　エスカレーターについても踏段の幅や傾き、速度などについて規制が置かれています（135ページ）。また、エレベーター、エスカレーターについては、地震などにより脱落することがないように脱落防止措置をとることが求められています。

■ 建築基準法上の昇降機 ···

| エレベーター | エスカレーター | 小荷物専用昇降機 |

| 人の運搬、または、人と荷物の運搬を行うための昇降機（エスカレーターを除く）と、かごの水平投影面積が1㎡超、または、天井の高さが 1.2m 超のものをいう。 | 構造や速度について規定あり
30°以下
速度制限 | 荷物のみを運搬するための昇降機をいう。小型のエレベータータイプのものであり、かごの水平投影面積が1㎡以下、天井の高さが 1.2m 以下、と大きさの制限あり。 |

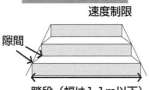

隙間

踏段（幅は1.1m以下）

エレベーターについてはどんな規制があるのでしょうか。

 安全性の確保のために、構造方法等の基準や使用・維持管理段階における検査の基準が定められています。

建築基準法は、高さ31mを超える建築物においては、非常用エレベーターを設置しなければならないと定めています。

エレベーターとは、人の運搬または人と荷物の運搬を行うための昇降機（エスカレーターを除く）と、かごの水平投影面積が1㎡超または天井の高さが1.2m超の昇降機のことを意味します。

なお、特殊エレベーターとしての、段差解消機やいす式昇降機、自動車運搬用エレベーターなどもあります。

エレベーターのかごと、その主要な支持部分（かごを支えたり、吊ったりする構造上主要な部分）の構造については、損傷が生じないという観点で、摩損や疲労破壊を考慮したものでなければなりません。屋上等に機械室を設置して、人が乗るかごをロープによって上下運行させるロープ式のエレベーターや、油圧式エレベーター等の場合は、エレベーター強度検証法（荷重によって生じる力や安全装置の作動時の応力度を計算することによりエレベーターの設置時と使用時のかご・主要な支持部分の強度を検証する方法）により上記の基準に適合しているかを確認しなければなりません。

エレベーターのかごや主要な支持部分のうち、腐食や腐朽の可能性のあるものは、腐食や腐朽のしにくい材料を用いるか、さび止めや防

腐のための措置をとらなければなりません。

　主要な支持部分のうち、摩損や疲労破壊を生じる可能性のあるものは、2つ以上の部分で構成され、しかも、そのそれぞれが独立してかごを支えたり、吊ったりできるものでなければなりません。

　滑車を使用してかごを吊るエレベーターの場合は、地震等で索が滑車から外れる危険性のない構造方法のものでなければなりません。

　エレベーターのかごの積載荷重は、乗用エレベーター（通常の人の運搬用のエレベーター）であるかどうかと、かごの床面積に応じて、その下限値が定められています。

　エレベーターのかごの構造や、昇降路の壁や囲い、出入口の扉の構造は、構造上軽微な部分を除き、難燃材料（82ページ）で造るか、覆うなどの処置をしなければなりません。

　また、非常時のために、かご内の人を安全にかご外に救出することができる開口部を、かごの天井部に設けなければなりません。用途、積載量、最大定員（乗用エレベーターと寝台用エレベーターの場合）を、かご内の見やすい場所に標識で示す必要があります。

　昇降路の出入口の扉には、かごが扉の位置に停止していない場合には開いたりしないように、施錠装置を設置しなければなりません。

　昇降路の出入口の床先とかごの床先との水平距離は4cm以下、また、乗用エレベーターと寝台用エレベーターでは、かごの床先と昇降路の壁との水平距離は12.5cm以下でなければなりません。

　エレベーターには制御器を設置し、荷重の変動によってかごの停止位置が大幅に移動しないように、また、かごと昇降路のすべての出入口の扉が閉じた後にのみかごが昇降するようにしなければなりません。

　エレベーターの機械室は、床面積、天井高等が定められています。また、換気上有効な開口部か換気設備を設置する必要があります。

　エレベーターには、かごが昇降路の頂部または底部に衝突する危険性がある場合に、自動的かつ段階的に作動し、かごの加速度が一定限

度内に収まった状態で、安全にかごを制止させることができる制動装置を設置しなければなりません。

エレベーターには、①かごの停止位置が大幅にずれた場合に自動的にかごを停止させる安全装置、②かごと昇降路のすべての出入口の扉が閉じる前にかごが昇降した場合、自動的にかごを停止させる安全装置を設けます。また、③地震等により生じた加速度を検知してかごを昇降路の出入口の扉の位置に自動停止させ、そのかごの出入口の扉と昇降路の出入口の扉を開くか、かご内の人がそれらの扉を開くことができるようにする安全装置、④停電等の非常の場合にかご内からかご外に連絡することを可能にする安全装置、を設置しなければなりません。

さらに、乗用エレベーターと寝台用エレベーターには、⑤一定の荷重が作用した場合に警報を発し、出入口の扉の閉鎖を自動的に停止する安全装置、⑥停電の際に床面で1ルクス以上の照度を保てる照明装置、も設置しなければなりません。

■ エレベーターの構造上主要な部分に関するおもな基準 ……………

- 設置時・使用時のかご・主要な支持部分の構造が、通常の使用状態における摩損及び疲労破壊を考慮して国土交通大臣が定めた構造方法を用いること

- ロープ式エレベーター、油圧エレベーター等については、設置時・使用時のかご・主要な支持部分の構造が、通常の使用状態における摩損や疲労破壊を考慮したエレベーター強度検証法により、一定基準に適合するものであることについて確かめられたものであること

- かご及び主要な支持部分のうち、腐食または腐朽のおそれのあるものについては、腐食・腐朽しにくい材料を用いるか、有効なさび止めや防腐のための措置を講じたものであること

- 主要な支持部分のうち、摩損や疲労破壊を生じるおそのあるものは、2つ以上の部分で構成され、それぞれが独立してかごを支え、または吊ることができるものであること

エスカレーターについてはどんな規制があるのでしょうか。

安全性確保のため、勾配の上限や保護板の長さなどについて規制されています。

建築基準法施行令や国土交通省の告示などでは、エスカレーターの構造についての基準が定められています。

たとえば、エスカレーターは、通常の使用状態において人または物が挟まれたり、障害物に衝突することがないようにすること、勾配は30度以下とすること、踏段（人を乗せて昇降する部分）の両側に手すりを設け、手すりの上端部が踏段と同一方向に同一速度で連動するようにすることが定められています。

エスカレーターの踏段の幅は1.1m以下、踏段の端から手すりの上端部の中心までの水平距離は25cm以下、エスカレーターの勾配は30度以下でなければならないと定められています。また、踏段の定格速度は勾配に応じて上限が定められています。

踏段側部とスカートガードのすき間は5mm以下、踏段と踏段のすき間は5mm以下とすると定められています。また、エスカレーターの手すりの上端部の外側が、天井等や他のエスカレーターの下面といった交差部と水平距離50cm以下で交差する箇所では、その交差部の下面に、エスカレーターの手すりの上端部から鉛直に20cm下方の高さにまで届く長さの適切な保護板を設置しなければなりません。

エスカレーターの踏段と、その主要な支持部分（踏段を支えたり、吊ったりする構造上主要な部分）の構造については、エレベーターの

かごと、その主要な支持部分（かごを支えたり、吊ったりする構造上主要な部分）の構造と同様の規定が設けられています。

　エスカレーターの踏段の積載荷重は、踏段面の水平投影面積に応じて、その下限値が定められています。

　さらに、エスカレーターには、人や荷物等が挟まれた場合などに、自動的に作動し、踏段の加速度が一定限度以内に収まった状態で、安全に踏段を制止させることができる制動装置を設置しなければなりません。

　また、昇降口において踏段の昇降を停止させることができる装置を設置しなければなりません。

■ エスカレーターの構造基準 ……………………………………………

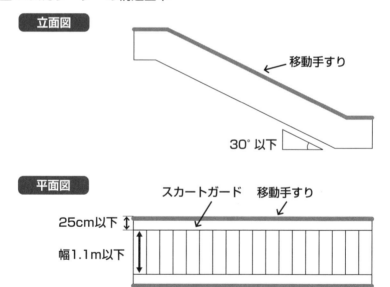

居室の採光に関する規制について教えてください。

居室内に置いて一定の明るさを確保する観点から規制が設けられています。

建築基準法は、居室の採光について一定の基準を定めています。人間が建築物内で生活や作業等を行うためには相応の明るさが必要です。明るさを得るには、窓などの開口部による自然の採光による方法と、人工的な照明による方法があります。

「居室」とは、「居住」「執務」「作業」「集会」「娯楽」などの目的のために継続的に使用する部屋のことをいいます。

たとえば、住宅では居間、リビング、ダイニング、キッチン、寝室、応接間などが「居室」にあたります。会社ではオフィスや会議室などが、店舗では売場や事務室などが、学校では教室、職員室、体育館などが「居室」にあたります。

なお、建築基準法は、建築物内のあらゆる空間を「居室」と「居室でない部分」とに分けています。「居室でない部分」の例としては、風呂、便所、玄関、廊下、階段、押入、ベランダ、倉庫、更衣室、屋内駐車場などがあります。

●居室の採光に関する建築基準法の規定

住宅、学校、病院、診療所、寄宿舎等の居室は、採光のための窓等の開口部の設置が義務付けられています。開口部の面積は、「有効採光面積」で見たときに、居室の床面積の一定割合以上なければなりません。

なお、令和5年（2023年）4月1日施行の改正建築基準法により、緩和規定が追加されています。

　具体的には、住宅の居室には、床面積の7分の1以上の面積を有する採光上有効な開口部（有効採光面積）が必要となるのが原則です。たとえば、7畳の部屋の場合は。有効採光面積は1畳分が必要ということになります。

　ただし、床面において50ルクス以上の照度を確保する照明設備を設けた場合には、照明設備によって一定の明るさが確保されていることから、有効採光面積は、床面積の10分の1まで低減されます。

　なお、開口部の面積の規定に関して、ふすま、障子等随時開放できるもので仕切られた2室は、1室とみなすことができます。

●有効採光面積の算出方法

　有効採光面積は、「開口部の面積（窓枠を除いたガラス部分の有効面積）」に「採光補正係数（A）」を掛けて算出します。窓等の開口部が複数個ある場合は、有効採光面積は、開口部ごとにその数値を計算したものの合計になります。「採光補正係数（A）」は、「採光関係比率（d/h）」から計算します。

　計算式は、以下のように用途地域により異なります。

---

①　住居系地域では、Aはd/hに6.0を掛けたものから1.4を引いた数値

②　工業系地域では、Aはd/hに8.0を掛けたものから1.0を引いた数値

③　商業系地域や用途地域の指定のない区域では、Aはd/hに10を掛けたものから1.0を引いた数値

　ただし、採光補正係数（A）が3より大きくなった場合は3とします。また、天窓の採光補正係数（A）はその数値に3.0を掛けた数値、開口部の外側に幅90cm以上の縁側（ぬれ縁を除く）等がある開口部のAはその数値に0.7を掛けた数値となります。採光補正係数（A）の下限値

は道に面する場合およびｄの数値がＤ（住居系地域の場合は７、工業系地域の場合は５、その他の地域の場合は４）ｍより大きくなれば１、その他は０（採光上有効な開口部として扱われない）となります。

「採光関係比率（d/h）」は、その開口部の直上にある庇等の建築物の各部分から、その部分の面する隣地境界線や別の建築物等までの「水平距離（d）」を、その部分から開口部の中心までの「垂直距離（h）」で割った数値の、最小値になります。なお、「開口部の直上にある建築物の各部分」には、開口部の直上垂直面から後退する部分や、突出する部分がある場合には、その部分を含みます。

「隣地境界線」については、開口部が、道に面する場合はその道の反対側の境界線とします。また、公園・広場・川・空地・水面に面する場合は、これらの幅の２分の１だけ隣地境界線の外側にある線とします。

■ 有効採光面積と採光関係比率 ･･･

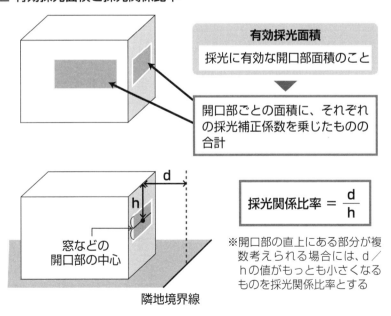

有効採光面積
採光に有効な開口部面積のこと

開口部ごとの面積に、それぞれの採光補正係数を乗じたものの合計

$$採光関係比率 = \frac{d}{h}$$

※開口部の直上にある部分が複数考えられる場合には、d／hの値がもっとも小さくなるものを採光関係比率とする

窓などの
開口部の中心

隣地境界線

居室の換気設備の基準について教えてください。

有効換気量の下限などの技術的基準や、設置位置などの一般的基準があります。

　人間が建築物内で継続的に生活や作業等を行うためには、空気の入れ換えが必要になります。換気には、窓などの開口部による自然な換気の方法と、人工的な換気設備による方法があります。

　そこで、建築基準法は、建築物の居室には、換気のための窓等の開口部を設けなければならないと定めています。その際、換気に有効な部分の面積は、その居室の床面積の20分の1以上必要です。その面積の開口部を確保できない場合は、「換気設備の技術的基準」に従う換気設備を設置しなければなりません。

　換気に有効な部分の面積は、引違い窓は枠を除いた窓全体の面積の2分の1、片開き窓は枠を除いた窓の面積と同様になります。

●換気設備の技術的基準

　法的な設置義務がある換気設備に関する基準として、以下の「換気設備の技術的基準」があります。なお、他に、法的な設置義務のない換気設備にも適用される一般的基準（143ページ）もあります。

① 自然換気設備

　自然換気設備（機械を用いることなく、自然の通風や気圧差等によって換気を行う換気設備）では、排気筒の有効断面積の下限が定められています。その値（㎡）は、「居室の床面積」（㎡）を「給気口の中心から排気筒の頂部の外気に開放された部分の中心までの高さ」

（m）のルート（√）で割り、さらに250で割った数値です。給気口と排気口の有効開口面積も、その数値以上でなければなりません。

> A v（排気筒の有効断面積）≧A f（居室の床面積）÷250√ h
> ※「h」は給気口の中心から排気筒の頂部の外気に開放された部分の中心まで

② 機械換気設備

機械換気設備では、有効換気量の下限が定められています。その値（㎥）は、「居室の床面積」（㎡）を「実況に応じた1人当たりの占有面積（N）」（㎡）で割り、それに20を掛けた数値です。ただし、Nについては、学校、劇場等の特殊建築物の居室では最大で3とし、特殊建築物以外の建築物の居室では最大で10とします。

> V（有効換気量）≧20A f（居室の床面積）÷N（実況に応じた1人当たりの占有面積）

③ 中央管理方式の空気調和設備

中央管理方式の空気調和設備（128ページ）では、衛生上有効な換気を確保することができる構造方法を用いなければなりません。

④ その他の換気設備

①～③以外の構造の場合、二酸化炭酸の含有率をおおむね100万分の1000（＝1000ppm）以下に保つ、一酸化炭素の含有率をおおむね100万分の10以下（＝10ppm）に保つ、給気口や排気口から有害なものが入らないようにする、といった基準を満たすことが必要です。

●劇場、映画館などの居室の換気設備

劇場、映画館、演芸場、観覧場、公会堂、集会場等の居室では、換気設備の技術的基準に従う換気設備を設置しなければなりません。ただし、自然換気設備は認められていません。

●火を使用する室などの換気設備

　調理室や浴室など、コンロ等の火を使用する設備・器具を設置している部屋は、居室でない場合でも、換気設備の技術的基準に従う換気設備を設置しなければなりません。その換気設備は、火を使用する設備・器具の通常の使用状態において室内の酸素の含有率を約20.5%以上に保つ換気ができるものとして国土交通大臣が認定したものか、あるいは、以下の各基準に従うものでなければなりません。

①　給気口は調理室等の天井の高さの2分の1以下の高さの位置（煙突や換気扇等を設置する場合は、適当な位置）に設けること

②　排気口は調理室等の天井または天井から下方80cm以内の高さの位置（煙突や、排気フードを有する排気筒を設ける場合は、適当な位置）に設けること

③　排気口は、換気扇等を設けるか、排気上有効な立上り部分を有する排気筒に直結させること

④　ふろがまや、発熱量が12kw超の火を使用する設備・器具に接続して、煙突を設けること（例外として、排気フードを有する排気筒も認められています）

⑤　その他、給気口・排気口の有効開口面積、給気筒・排気筒・煙突の有効断面積、換気扇等の有効換気量の下限値の定め等に従うこと。

　排気口や排気筒、煙突の構造は、もとの部屋に廃ガス等を逆流させず、また、他の部屋に廃ガス等を漏らさないものでなければなりません。

　火を使用する設備・器具の近くに設置される排気フードつきの排気筒の排気フードは、不燃材料で造られたものでなければなりません。

　なお、以下の部屋の場合は換気設備の設置義務はありません。

①　密閉式燃焼器具等（直接屋外から空気を取り入れ、廃ガス等を直接屋外に排出するなどするもの）以外に、火を使用する設備・器具を設置していない部屋

②　床面積の合計が100㎡以下の住宅等の調理室で、火を使用する設

備・器具の発熱量の合計が12kw以下で、床面積の10分の１以上の有効開口面積を有する窓等の開口部を設けたもの

③　発熱量の合計が６kw以下の火を使用する設備・器具を設置した、調理室以外の部屋で、換気上有効な開口部を設けたもの

●換気設備の一般的基準

　換気設備を設置する場合、前述した技術的基準の他に、以下の点にも気をつけなければなりません（建築基準法施行令129条の２の５）。

①　自然換気設備を設ける場合の注意点は以下のとおりです。

・給気口は居室の天井の高さの２分の１の高さより下の位置に設置すること

・排気口は給気口より高い位置に設置すること

・給気口は直接外気に、排気口は排気筒を通じて外気に、常時開放されていること

・給気口や排気口、および排気筒の頂部には、雨水やねずみ、虫、ほこり等を防ぐための設備を設けること

■ 換気の種類 ……………………………………………………………………

換気の種類	
自然換気 （有効な開口部面積は床面積の 1/20 以上）	設備による換気 （①自然換気設備　②機械換気設備 ③中央管理方式の空気調和設備）

劇場、映画館、演芸場、観覧場、公会堂、集会場の居室

➡機械換気設備・中央管理方式の空気調和設備での換気が必要

調理室、浴室などの室でかまどやコンロ、その他火を使用する設備または器具を設けた室

➡火気使用室の基準を満たした設備での換気が必要

② 機械換気設備の場合は、給気口や排気口の位置・構造が、居室内の空間における空気の分布を均等にするもので、かつ、著しく局部的な空気の流れを生じさせないものであること、などが規定されています。

③ 中央管理方式の空気調和設備の場合は、空気を浄化したり、空気の温度・湿度や流量を調節して供給する性能に関して、以下の基準が定められています。

・浮遊粉じんの量は空気 1 ㎥につき0.15mg以下

・一酸化炭素の含有率は0.001%以下

・炭酸ガスの含有率は0.1%以下

・温度は17℃以上28℃以下で、居室内の温度を外気温より低くする場合は、その差を著しくはしないこと

・相対湿度は40%以上70%以下

・気流は 1 秒間につき0.5m以下

●シックハウス対策に係る規制

シックハウスの原因となるホルムアルデヒドや揮発性有機化合物の対策として、平成15年（2003年）7 月から、新築建物について、原則として、24時間稼働する機械換気設備（24時間換気システム）の設置が義務付けられています。シックハウスとは、新築住宅やリフォームをした住宅の入居者が、目がチカチカする、喉が痛い、めまいや吐き気、頭痛がするなどの症状のことです。

なお、シックハウス対策に係る規制は、平成15年（2003年）7 月 1 日以降に着工された建築物（これ以前に確認済証の交付を受けたものを含みます）に適用されるものであり、これよりも前に着工されたものには適用されません。

居室の天井・床・界壁・地階の規制について教えてください。

天井や床の高さなどに一定の基準が設けられています。

建築基準法は、天井や床、界壁・地階について、以下のような基準を定めています。

●**天井の高さについて**

天井が低いと、採光や換気のための窓を十分に確保することができなくなります。そのため、建築基準法では、「居室の天井の高さを2.1m以上にしなければならない」と規定されています。ここでいう天井の高さは、居室の床面から天井までの高さになります。

また、傾斜している天井や、一室で天井の高さの異なる部分がある場合は、その平均の高さを天井の高さとします。この場合、居室の容積を居室の床面積で割った数値が天井の高さになります。

一定規模（天井高6m超で200㎡以上）の天井や腐食、劣化のおそれのある天井については、脱落防止措置をとることも必要です。

●**床の高さについて**

日本の風土では湿気が強いので、木造建築では床下はある程度の高さを保つようにする必要があります。建築基準法は、木造建築の床の高さと防湿方法について規定しています。

1階の居室の床が木造の場合、床の高さは、その真下の地面から床の上面まで45cm以上としなければなりません。また、外壁の床下部分には、壁の長さ5m以下ごとに、ねずみの侵入防止措置をとった、

面積300㎡以上の換気孔を作らなければなりません。

　ただし、床下をコンクリートやたたきなどで覆う場合や、1階の居室の床の構造が地面から発生する水蒸気によって腐食しないものである場合は、これらの規定は除外されます。

●マンションなどの各部屋の境界の壁（界壁）について

　マンションやアパートなどでは隣の住居との間の壁を通じて、隣の住居の音が漏れ聞こえてくることが起こり得ます。そこで、建築基準法は、おもに遮音構造に関して、境界の壁（「界壁」といいます）の規定を定めています。

　具体的には、マンションなどにおける界壁は、単に天井に達するだけではなくて、それを超えて、小屋裏または天井裏にまで達するものでなければならないとされています。また、界壁はその構造を、この後で説明するように、遮音性能（隣接する住戸からの日常生活に伴い生ずる音を衛生上支障がないように低減するために界壁に必要とされる性能を）に関し、技術的基準に適合するものであって、国土交通大臣が定めた構造方法を用いるものまたは国土交通大臣の認定を受けたものとしなければならないとされています。

●界壁の遮音性能に関する技術的基準

　マンションなどの界壁の遮音性能については、「透過損失」という指標で測ります。

　透過損失は、その壁に入射した音の大きさと、その壁を透過して隣の住居・部屋へと届いた音の大きさとの差を意味し、単位はデシベル（dB）で表します。隣室で80dBだった音が壁を通過して60dBの音になれば、その壁の遮音性能は20dBということになります。建築基準法施行令では、界壁の透過損失は、振動数が125Hzの音に対しては25dB以上、500Hzの音に対しては40dB以上、2000Hzの音に対しては50dB以上でなければならないと定められています。

　また、界壁の構造は、遮音性能を有するための構造方法が規定され

ています。

　国土交通省告示「遮音性能を有する長屋又は共同住宅の界壁の構造方法を定める件」によると、下地等のない界壁の場合は、①厚さ10cm以上の鉄筋コンクリート造、鉄骨鉄筋コンクリート造、鉄骨コンクリート造、②肉厚と仕上げ材料の厚さの合計が10cm以上のコンクリートブロック造、無筋コンクリート造、レンガ造、石造、③厚さが７cm以上の土塗真壁造、などでなければなりません。

　下地等のある界壁の場合についても各種の構造方法が規定されています。たとえば、④鉄網モルタル塗または木ずりしっくい塗で、塗厚さを２cm以上の仕上げとした、全体の厚さが13cm以上の大壁造であるもの、⑤仕上材料の厚さを含まない界壁の厚さが10cm以上で、その内部に厚さが2.5cm以上のグラスウールかロックウールを張ったもの、などがあります。

●**地階にはどんな措置が必要になるのか**

　地階では、湿気が多くなるため、適切な防湿措置を施さないと、かびが繁殖するなどして、人間の生活にとって好ましくない空間になります。また、水が浸透してくる可能性があるので、適切な防水措置もとらなければなりません。

■ **天井高と床の高さに関する規制** ………………………………………

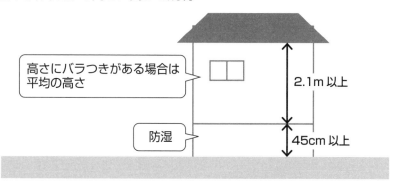

高さにバラつきがある場合は
平均の高さ

2.1m 以上

防湿

45cm 以上

そのため、建築基準法では、地階にある住宅の居室、学校の教室、病院の病室、寄宿舎の寝室については、壁や床等の防湿措置、防水措置が定められています。

　防湿措置については、地下室には、①適切なからぼり（地面を掘り下げて作るスペースのこと）等に面する開口部か、②換気設備か、③湿度を調節する設備を設置しなければなりません。

　からぼりは、地下室が面する土地の部分を掘り下げて造りますが、以下の基準が定められています。

ⓐ　からぼりの底面は地下室の開口部より低い位置にあること

ⓑ　雨水を排水するための設備が設置されていること

ⓒ　からぼりの上部は外気に開放されていること

ⓓ　地下室の外壁からからぼりの周壁までの水平距離は、開口部の下端からからぼりの上端までの垂直距離（「開口部からの高さ」）の10分の4以上あり、かつ、1m以上であること

ⓔ　ⓓの水平距離の基準に適合する部分の、居室の壁に沿った水平方向の長さは、「開口部からの高さ」以上の長さであり、かつ、2m以上であること

　防水措置については、常水面（地下水面）より下の部分では、直接土に接する外壁等の部分に、次のⓐⓑのいずれかが必要です。

ⓐ　水の浸透を防止するための「防水層」を設ける

ⓑ　直接土に接する部分を耐水材料で造った「二重壁」とし、直接土に接する部分と居室に面する部分との間の空隙に、その空隙に浸透した水を有効に排出する排水設備を設置して、居室内への水の浸透を防止する

　なお、常水面以上の部分については、「耐水材料で造り、かつ、材料の接合部とコンクリートの打継ぎをする部分に防水措置を施す」という方法も認められており、この場合には防水層や二重壁構造としなくてもかまいません。

階段の規制について教えてください。

階段の幅や１段の高さ、手すりの設置などに関する規制があります。

　建築基準法では階段について、避難階段等の規定の他に、一般構造としての規定を設けています。

　一般構造としての階段の規定では、階段や踊り場の幅、階段の１段ごとの高さや奥行、また、踊り場や手すりなどについて定めています。ただし、昇降機機械室用階段、物見塔用階段等の専用階段については、適用対象から除外されています。

　階段は幅が広い方が安全、勾配が緩い方が安全ですので、階段の用途ごとに、階段と踊り場の幅の下限値、けあげ（階段の１段の高さ）の上限値、踏面（階段の１段分の奥行に相当する長さ。蹴込みを作れば、実際の各段の奥行は踏面の寸法より長くすることはできます）の下限値が定められています。

① 　小学校の児童用の階段で、幅の下限値は140cm、けあげの上限値は16cm、踏面の下限値は26cmと定められています。

② 　中学校、高等学校等の生徒用の階段や、床面積が1,500㎡超の物品販売業店舗の客用の階段、劇場・映画館・演芸場・観覧場・公会堂・集会場の客用の階段の場合は、それぞれ140cm、18cm、26cmです。

③ 　直上階の居室の床面積の合計が200㎡超の地上階の階段や、居室の床面積の合計が100㎡超の地階の階段では、120cm、20cm、24cmです。

④ 　それら以外の階段の場合は、75cm、22cm、21cmです。

ただし、⑤避難用の直通階段である屋外階段の幅は90cm以上、⑥避難用の直通階段ではない屋外階段の幅は60cm以上、⑦住宅の階段（共同住宅の共用の階段は除く）は、けあげが23cm以下、踏面が15cm以上、でかまいません。

　なお、回り階段の踏面の寸法は、その段の狭い方の端から30cmの位置で測定します。また、階段や踊り場に10cm以上の幅の手すり等が設置された場合は、手すり等の幅から10cmを引いた数値を実際の階段や踊り場の幅から引いたものを、階段や踊り場の幅とみなします。

●踊り場についての規定

　前述の①②の階段では、階段の高さが３m超の場合は、高さ３m以内ごとに踊り場を設置しなければなりません。それ以外の階段では、

■ 階段の寸法 ･･･

	階段の種類		階段および踊場の幅(cm)	けあげ(cm)	踏面(cm)	踊場位置(cm)
1	小学校の児童用		140以上	16以下	26以上	高さ3m以内ごと
2	中学校、高等学校、中等教育学校の生徒用 劇場、映画館、公会堂、集会場等の客用 物販店舗（物品加工修理業を含む）で床面積の合計が1,500㎡を超える客用		140以上	18以下	26以上	
3	直上階の居室の床面積の合計が200㎡を超える地上階用		120以上	20以下	24以上	高さ4m以内ごと
	居室の床面積の合計が100㎡を超える地階、地下工作物内におけるもの					
4	1～3以外および住宅以外の階段		75以上	22以下	21以上	
5	住宅（共同住宅の共用階段を除く）		75以上	23以下	15以上	
6	屋外階段	直通階段（建築基準法施行令第120条、第121条）	階段の幅のみ90以上	踊場の幅、けあげ、踏面、踊場の位置はそれぞれ1～5の数値による（4、5の場合は直階段であっても、75cm以上でよい）。		
		その他の階段	階段の幅のみ60以上			

① 回り階段の踏面寸法は踏面の狭い方から30cmの位置で測る。
② 階段および踊場に設ける手すり、階段昇降機のレールなど（手すり等）で高さが50cm以下のものは、幅10cmまではないものとして、階段および踊場の幅を算定する。
③ 直階段の踊場の踏幅120cm以上とする。

階段の高さが４m超の場合に、高さ４m以内ごとに踊り場を設置しなければなりません。それらの踊り場の踏幅（その段の奥行に相当する長さ）は、直階段（踊り場でおり返さないまっすぐな階段）の場合で、1.2m以上でなければなりません。

●**手すりについての規定**

階段には手すりを設置しなければなりません。

階段や踊り場の両側（手すりが設けられた側を除く）には、側壁等を設置しなければなりません。けあげが15cm以下で、踏面が30cm以上の場合を除き、幅が３mを超える階段には、階段の中間に手すりを設置しなければなりません。これらの規定は、高さ１m以下の階段の部分には、適用されません。

●**傾斜路についての規定**

階段の代わりに傾斜路を設置する場合は、勾配を８分の１以下とし、表面は粗面にするか、すべりにくい材料によって仕上げなければなりません。また、一般構造としての階段の規定は、けあげと踏面に関する部分を除き、傾斜路にもそのまま準用します。

■ **踊り場の位置と踏面の寸法** ·····················

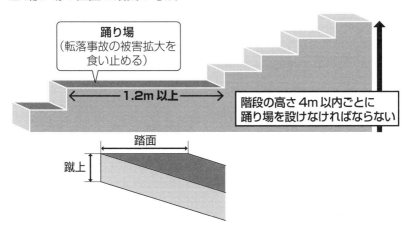

踊り場
（転落事故の被害拡大を食い止める）

←──── 1.2m 以上 ────→

階段の高さ４m 以内ごとに踊り場を設けなければならない

踏面

蹴上

Column

建築基準法と消防法の関係

　建築基準法と第5章以下で解説する消防法は別の法律ですが、これらには密接な関係があります。まず、建築基準法は、建築物の「敷地」「構造」「設備」「用途」に関する最低基準を定めている法律です。

　一方で消防法は、火災を予防することや警戒、鎮圧することで火災や地震からの被害を軽減させることを目的としている法律です。

　建築基準法では、建物などの最低基準を示し、避難のための廊下幅や歩行距離、内装仕様などを定めていますが、それだけでは、火災に対する措置としては不十分とされています。そこで消防法により、設備の設置基準や点検方法、防火管理者の有無、誘導灯や消火栓、警報器など、より火災対策に関する規定を詳細に定めています。

　言いかえれば、建築基準法は建物の最低基準を定め、消防法は、運用上必要な細かな基準を定めているということになります。

　なお、事業主が行政や審査機関に対して建築基準法に基づく確認や検査を行おうとする時は、建築物に関する計画が、その建築物に合った防火に関する規定に適合しているかについて、管轄の消防署長などの同意を得なければなりません。これを消防同意といいます。

■ 建築基準法と消防法の役割分担 ……………………………………

── 建築基準法 ──	── 消　防　法 ──
建物個々に関するもの 耐火・準耐火建築物、防火区画 内装制限非常照明、排煙設備	**消防設備** 消火栓・スプリンクラー等
建物と周辺の関係に関するもの 防火・準防火地域、用途地域	**防火管理** 火気管理、設備等の維持管理 訓練等

第5章

消防法の
基本と消火設備

 **Question 1**

消防法とはどんな法律なのでしょうか。

 **Answer** 特に火災の予防・警戒・鎮圧を目的とした法律です。

　消防法が制定されたのは昭和23年（1948年）で、その後大きな火災による被害が起こるたびに改正が行われ、現在に至っています。消防法1条は、その目的を「火災を予防し、警戒し及び鎮圧し、国民の生命、身体及び財産を火災から保護するとともに、火災又は地震等の災害による被害を軽減する他、災害等による傷病者の搬送を適切に行い、もつて安寧秩序を保持し、社会公共の福祉の増進に資すること」と規定していますが、特に「火災の予防・警戒・鎮圧」を軸として内容が構成されています。具体的には、下図のような体系になっています。

■ **消防法の構成要素**

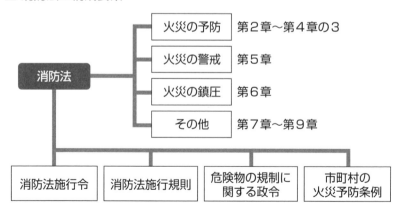

消防法の関連法令にはどんなものがあるのでしょうか。

消防法の関連法令としては、消防組織法や消防法施行令などを挙げることができます。

　消防組織法は、消防の任務について、施設や人員を活用して、国民の生命、身体および財産を火災から保護するとともに、水火災や地震などの災害を防ぎ、これらの災害による被害を軽減する他、災害などによる傷病者の搬送を適切に行うことであると規定しています。

　同法は、消防に関する国の組織として消防庁を、市町村の組織として消防本部・消防署・消防団などを、それぞれ設置することを義務付けています。消防庁は、消防に関する制度の企画や立案、消防に関し広域的に対応する必要のある事務その他の消防に関する事務を行います。これに対し、消防本部・消防署・消防団は、実際の消火活動などの消防事務を行います。

　消防法の執行に必要な細則等を定めた政令（内閣が制定する命令）にあたるのが消防法施行令です。防火管理者の資格・責務、消防用設備等の種類、消防用設備等の設置・維持の技術上の基準、消防の用に供する機械器具等の検定等、救急業務、消防用設備等の検査・点検などに関する規定を設けています。

　その他にも、消防法の下位法令として省令（各省の大臣が制定する命令）にあたる消防法施行規則があります。消防法施行規則では、消防法施行令と同様に、消防用設備等の設置・維持の技術上の基準の他、防火管理者、消防計画の届出などを詳細に定めています。

●防火管理者とは

　学校・病院・工場・百貨店など「多数の者が出入し、勤務し、又は居住する防火対象物（消防法で定義された用語で、文字通り火災を予防する対象となるものですが、建築物の他、山林や船舶なども含まれます）」で火災が起こった場合、消火活動や避難行動がスムーズに行われず、重大な被害が生じる可能性が高くなります。

　そこで消防法では、一定の基準を満たす防火対象物において、資格のある防火管理者を選任し、これに防火管理業務を行わせる義務を課しています。防火管理者の業務としては、消防計画の作成、消火・避難訓練の実施、消火活動に必要な施設の点検・整備などがあります。

●防火基準適合表示制度について

　防火基準適合表示制度は、旅館・ホテルなど（宿泊施設）の対象物について、一定の防火基準に適合していれば「適マーク」を交付する制度であり、適マーク制度とも呼ばれています。これは、宿泊施設からの申請に基づいて消防機関が審査した結果、消防法令の他、重要な建築構造等に関する基準に適合していると認めた建物に「適マーク」を交付し、その「適マーク」を宿泊施設が掲出することで、利用者に建物の安全・安心に関する情報を提供できるという制度です。

●条例との関係

　消防法では、火を使用する設備の設置・使用の基準、住宅用防災機器の設置・維持の基準、指定数量未満の危険物等の貯蔵・取扱いの基準などについて、火災予防のために必要な事項は、市町村条例で定めることを規定しています。また、消防用設備等の規定については、その地方の気候や特殊性により、消防法令の規定だけでは防火の目的を充分に達成し難い場合は、市町村条例で法令と異なる規定を設けることができます。

防火対象物について教えてください。

防火対象物は22種類が定められています。

　防火対象物とは、消防法における火災予防の対象となる建築物等のことを指します。防火対象物は、その用途に応じてグループに分類され、グループごとに、消防用設備等の設置等に関して基準が定められています。防火対象物には、建築物だけでなく、山林や船舶なども含まれます。防火対象物は、大きく、「一般住宅」とそれ以外の「政令で定める防火対象物」とに分けられます。

　なお、各防火対象物には収容人員が定められています。収容人員とは、その防火対象物に出入りする人、勤務する人、居住する人の数をいいます。収容人員の違いにより、避難器具や非常警報設備などの設置や、防火管理者の選任の必要性が異なってきます。

　政令で定める防火対象物の種類は、図表（159ページ）のとおりです。また、おもな防火対象物について、収容人員の算出方法は160ページ図のとおりです。なお、防火対象物のうち、百貨店、旅館、病院、地下街、複合用途防火対象物（一部）などの防火対象物で、多数の人が出入するものを特定防火対象物といいます。

●既存防火対象物とは

　消防法やその下位法令が改正されるなどして、それらの規定が変更された場合に、従来の（変更前の）規定に適合していた防火対象物が新しい（変更後の）規定に適合しなくなる事態が起こり得ます。

その場合、一定の範囲内で、従来から存在している防火対象物については、新しい規定に適合していなくても、従来の規定に適合していればかまわないとされています（既存防火対象物の特例）。既存防火対象物とは、法令変更前から存在する防火対象物のことです。消防法においては、同法やその下位法令が変更されて新しい規定に適合しなくなっても、既存防火対象物の特例が認められることがあります。

　ただし、①簡易消火器具、②不活性ガス消火設備（一定のものに限る）、③自動火災報知設備（一定のものに限る）、④ガス漏れ火災警報設備（一定のものに限る）、⑤漏電火災警報器、⑥非常警報器具・非常警報設備、⑦誘導灯・誘導標識、⑧避難器具等、という８つの消防用設備等には、改正後の新しい規定が適用されます。これらは、防火上の必要性が特に高いものや、大規模な改修を行わなくても比較的簡易に設置できるものが該当しています。

　また、法令の効力発生時（基準時）に消防用設備等が従来の基準に適合していない（違反している）場合は、既存防火対象物の特例が適用されません。さらに、増築、改築、大規模な修繕や模様替えが行われた場合も、同様に特例は適用されません。これらの場合は、新しい規定に適合するように消防用設備等を設置しなければなりません。

　なお、特定防火対象物は既存防火対象物の特例の適用を受けないことから、改正後の新しい規定に適合していなければなりません。

●用途変更の場合

　法令が改正されなくても、防火対象物が用途変更を行った場合も、消防法令の規定に適合しなくなることが起こり得ます。この場合も、基本的には用途変更前の用途についての消防用設備等の規定に適合していればよいという特例が適用されます。ただし、法令改正の場合と同様に、前述した①〜⑧の消防用設備等については、用途変更後の対応する規定に適合していなければなりません。

■ 政令で定められている防火対象物（消防法施行令別表第一）………

(1) イ 劇場、映画館、演芸場、観覧場、ロ 公会堂、集会場

(2) イ キャバレー、ナイトクラブ等、ロ 遊技場、ダンスホール、ハ 性風俗関連特殊営業を営む店舗等、ニ カラオケボックス等

(3) イ 料理店等、ロ 飲食店

(4) 百貨店等、展示場

(5) イ 旅館、ホテル等、ロ 寄宿舎、下宿、共同住宅

(6) イ 病院、診療所、助産所、ロ 特別養護老人ホーム、有料老人ホーム（一部）、介護老人保健施設、障害児入所施設、障害者支援施設（一部）等、ハ 老人デイサービスセンター、有料老人ホーム（一部）、障害者支援施設（一部）、更生施設、保育所、児童養護施設、身体障害者福祉センター等、ニ 幼稚園、特別支援学校

(7) 小学校、中学校、高等学校、高等専門学校、大学、専修学校等

(8) 図書館、博物館、美術館等

(9) イ 蒸気浴場、熱気浴場等、ロ イで示した公衆浴場以外の公衆浴場

(10) 車両の停車場、船舶や航空機の発着場（一部）

(11) 神社、寺院、教会等

(12) イ 工場、作業場、ロ 映画スタジオ、テレビスタジオ

(13) イ 自動車車庫、駐車場、ロ 飛行機や回転翼航空機の格納庫

(14) 倉庫

(15) (14)までの各項に該当しない事業場

(16) イ 複合用途防火対象物のうち、その一部が(1)～(4)、(5)イ 、(6)、(9) イの用途であるもの、ロ イ以外の複合用途防火対象物

(16の2) 地下街

(16の3) 連続して地下道に面している建築物の地階と、その地下道とを合わせたもの（(1)～(4)、(5)イ 、(6)、(9)イの用途を含むものに限る）

(17) 重要文化財、重要有形民俗文化財、史跡や重要美術品等として指定や認定された建造物

(18) 50m 以上の長さのアーケード

(19) 市町村長の指定する山林

(20) 総務省令で定める舟車

■ 防火対象物の収容人員の算定方法（消防法施行規則1条の3）……

項	建物の区分	収容人員の算定方法
(1)	劇場や集会場など	従業員の数、固定式のいす席の数などを合算する
(2)	遊技場	従業員の数、遊技器具を使って遊技を行える者の数、固定式のいす席の数を合算する
	その他	従業員の数、客席部分のいす席の数などを合算する
(3)	料理店や飲食店など	従業員の数、客席部分のいす席の数などを合算する
(4)	百貨店など	従業員の数、従業員以外の者が使用する部分を一定の面積ごとに1人として計算した数を合算する
(5)	旅館やホテルなど	従業員の数、いす席の数、ベッド数などを合算する
	寄宿舎や下宿など	居住者の数
(6)	病院や診療所など	医師・歯科医師・助産師・看護師の数、病床の数などから算定
	養護老人ホーム、老人福祉センターなど	従業員の数と、老人、身体障害者の数などを合算する
	幼稚園や特別支援学校	教職員や幼児、児童の数などを合算する
(7)	小学校、中学校など	教職員や生徒、学生の数などを合算する
(8)	図書館、博物館、美術館など	従業員の数と、閲覧室や展示室などの部分を一定の床面積ごとに1人として計算した数を合算する
(9)	公衆浴場や蒸気浴場など	従業員の数と、浴場・脱衣場・マッサージ室などの部分を一定の面積ごとに1人として計算した数を合算する
(10)	車両の停車場や航空機の発着場など	従業員の数
(11)	神社や教会など	僧侶や牧師などの数と、礼拝場・集会場・休憩所の部分を一定の床面積ごとに1人として計算した数を合算する
(12)	工場やスタジオなど	従業員の数
(13)	車庫や特殊格納庫など	従業員の数
(14)	倉庫	従業員の数
(15)	事業場（事務所）	従業員の数と、主として従業員以外の者が使用する部分を一定の床面積ごとに1人として計算した数を合算する
(17)	文化財	床面積5.0㎡ごとに1人

無窓階について教えてください。

「消火活動上有効な開口部を有しない階」のことです。

　火災が発生した際に、避難できるかどうか、あるいは消防隊がスムーズに建物に進入できるかどうかは消防上重要です。また、火災で発生した煙を建物の外に出せるかどうか、あるいは建物の外から放水できるかどうかは、防火対象物の開口部（窓、扉）の大きさや数に比例するといってよいでしょう。消防法では、防火対象物の階ごとに、一定の基準の開口部を設けているか否かで、その階を有窓階か、それとも無窓階かを判定し、無窓階にはより厳しい基準を設けています。そして、地階は上記の考え方から、すべて無窓階として扱われます。無窓階かどうかを判定するには、以下の条件を確認します。

・11階以上の階

　直径50cm以上の円が内接できる開口部の面積の合計がその階の床面積の1/30超の場合に、その階は有窓階となります。一方、これに該当しない場合は無窓階となります。

・10階以下の階

　直径１m以上の円が内接できる開口部または幅75cm以上高さ1.2m以上の開口部が２つ以上あり、かつ、直径50cm以上の円が内接できる開口部の面積の合計がその階の床面積の1/30超の場合に、その階は有窓階となります。一方、これに該当しない場合は無窓階となります。

　11階以上の階で「直径１m以上の円が内接できる開口部または幅

75cm以上高さ1.2m以上の開口部」が不要になっていますが、これら
は消防隊の進入のための開口部であるため、11階以上になると、はし
ご車でも消防隊を窓の所まで運ぶことが困難なためです。なお、建築
基準法では、高さ31m超の建物には、消防隊の活動を円滑にするため
の非常用エレベーターの設置が義務付けられています。

●開口部の構造

　容易に「中から避難すること」、また「外から消防隊が進入するこ
と」ができるような構造にしなければなりません。そのため、開口部
の構造には以下のような規制が設けられています。

・床面から開口部下端までの高さは1.2m以内であること
・開口部は、道又は道に通ずる幅員1m以上の通路その他の空地に面
　したものであること（11階以上の開口部の場合は適用しない）
・開口部は、格子その他の内部から容易に避難することを妨げる構造
　を有しないものであり、かつ、外部から開放し、又は容易に破壊す
　ることにより進入できるものであること
・開口部は、開口のため常時良好な状態に維持されていること

■ 10階以下の場合の開口部の構造 ……………………………………

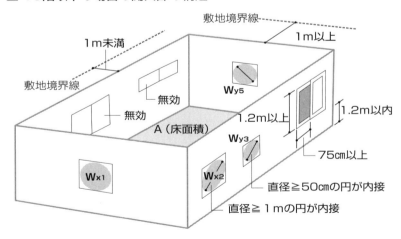

162

消防用設備等について教えてください。

消防用設備等に関しては設置義務と技術的基準が定められています。

消防法上、「消防用設備等」とは、消防用設備と消防用水、消火活動上必要な施設のことをいいます。そのうち消防用設備には、警報設備、消火設備、避難設備の3つがあります。

・警報設備

自動火災報知設備、ガス漏れ火災警報設備、漏電火災警報器、消防機関へ通報する火災報知設備、非常警報器具・非常警報設備（非常ベル、自動式サイレン、放送設備）があります。

・消火設備

消火器・簡易消火用具、屋内消火栓設備、スプリンクラー設備、水噴霧消火設備、泡消火設備、不活性ガス消火設備、ハロゲン化物消火設備、粉末消火設備、屋外消火栓設備、動力消防ポンプ設備があります。

・避難設備

避難器具（滑り台、避難はしご、救助袋など）、誘導灯・誘導標識があります。

なお、消防用水とは、防火水槽、貯水池などのことです。

消火活動上必要な施設には、排煙設備、連結散水設備、連結送水管、非常コンセント設備、無線通信補助設備があります。

●消防用設備等の設置単位の原則

消防用設備等は、原則として「棟」を設置単位とします。同じ敷地

内に２つ以上の建物があるときは、建物ごとに基準を満たすよう消防用設備等を設置しなければなりません（ただし、例外として、一棟の建物でも、防火対象物が開口部のない耐火構造の壁や床で区画されている場合は、その区画された部分は別々の防火対象物とみなします）。

　複合用途防火対象物（159ページの「消防法施行令別表第一」の図について、⑴項〜⒂項までの用途のうちの２つ以上の用途のある防火対象物のこと）については、同一用途に使用される部分ごとに一つの防火対象物とみなすのが原則です（ただし、スプリンクラー設備、自動火災報知設備、ガス漏れ火災警報設備、非常警報器具・非常警報設備、避難器具、誘導灯・誘導標識を除きます）。

　屋外消火栓設備や消防用水については、棟単位ではなく、敷地単位で規定します。その他、建物を渡り廊下等で接続した場合も、棟単位の例外が発生します。消防用設備等の設置義務と技術的基準については、消防用設備等ごとに政令で定められています。

●関係者とは

　消防法では、消防法施行令別表第一（159ページ図）の防火対象物の関係者に、消防用設備等の設置を義務付けています。ここにいう「関係者」については、消防法２条４項で「防火対象物または消防対象物の所有者、管理者または占有者」をいうと定義されています。

●関係者の義務とは

　関係者は、消防用設備、消防用水、消火活動上必要な施設について消火、避難その他の消防の活動のために必要とされる性能を有するように、これらの設備等を設置し、かつ維持しなければなりません。

　もっとも、消防用設備等と一口に言っても、性質の違いに応じた分類が必要です。まず、政令の基準に従って消防の活動ために用いられる設備のことを「通常用いられる消防用設備等」といいます。

　ここで必要とされる防火安全性能とは、①火災の拡大を初期に抑制する性能である初期拡大抑制性能、②火災時に安全に避難することを

支援する性能である避難安全支援性能、③消防隊の活動を支援する性能である消防活動支援性能の3つのことをいいます。

　これに対し、通常用いられる消防用設備等の防火安全性能と同等以上である消防の活動のために用いられる設備や、消防用水、消火活動上必要な施設のことを「必要とされる防火安全性能を有する消防の用

■ 設置単位の原則と例外 ……………………………………………

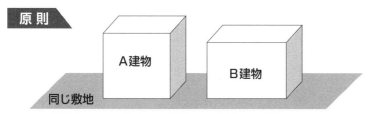

同じ敷地内でも、消防用設備等はA建物・B建物それぞれで検討する

各部分が別の用途に供されている建物は、複合用途防火対象物として消防用設備等の設置の必要性を検討する（同一用途に使用される部分ごとに一つの防火対象物とみなすのが原則）

開口部のない耐火構造の壁や床で区画（令8区画といいます）されているA用途とB用途は別の防火対象物として扱われる

に供する設備等」といいます。この設備等は「通常用いられる消防用設備等」に代えて用いることができます。

　具体的な設備等については、省令により規定されています。たとえば、屋内消火栓設備に代えて用いることができるのは、パッケージ型消火設備（201ページ）であると規定されています。これは、人がホースを延長させる操作を行い、ノズルから消火剤を放射することにより消火を行う消火設備をいいます。

　また、スプリンクラー設備に代えて用いることができるのは、パッケージ型自動消火設備（201ページ）であると規定されています。これは、火災の発生を自動的に感知して、自動で水や消火剤が放射されることにより消火が行われる固定式の消火設備のことです。

　これら「パッケージ型」の設備は、その名の示す通り、消防用の水源も一つにパッケージされたもので、これら設備のための給水配管が不要なため、既存の施設にも設置しやすくなっています。反面、パッケージ内の水を使い果たしてしまうと、それ以上、消火活動を続けることができなくなるため、設置することができる防火対象物の用途や規模には制限があります。

　他には、加圧防排煙設備なども、代替設備として挙げることができます。加圧防排煙設備とは、防火対象物の階ごとに、その階の各部分から一の遮煙開口部までの水平距離が50m以下となるように設置し、その拠点を給気により加圧することで、火災によって発生する熱や煙の影響を受けないようにするとともに、火災室において排煙を行い、煙を制御して火災時において消防隊が行う消火活動を支援する性能をもつ設備のことです。

■ 消防用設備等 ···

消火設備
- 消火器
- 簡易消火用具（水バケツ、水槽、膨張真珠岩など）
- 屋内消火栓設備
- スプリンクラー設備
- 水噴霧消火設備
- 泡消火設備
- 不活性ガス消火設備
- ハロゲン化物消火設備
- 粉末消火設備
- 屋外消火栓設備
- 動力消防ポンプ設備

警報設備
- 自動火災報知設備
- ガス漏れ火災警報設備
- 漏電火災警報器
- 消防機関へ通報する火災報知設備
- 非常警報器具（手動式サイレン、携帯用拡声器など）
- 非常警報設備（非常ベル、自動式サイレンなど）

避難設備
- 避難器具（滑り台、避難はしごなど）
- 誘導灯、誘導標識

消防用水
- 防火水槽
- 貯水池

消火活動上必要な施設
- 排煙設備
- 連結散水設備
- 連結送水管
- 非常コンセント設備
- 無線通信補助設備

建物内に複数の区画が設けられている場合、各々の区画を別棟として扱うことができる場合があるのでしょうか。

同じ建物内でも区画を設けることで、各々の区画を別棟（別々の防火対象物）として扱うことができる場合があり、その場合は消防用設備等の設置条件が緩和されることがあります。

・・

　同じ敷地内に複数の建物がある場合、原則として「棟」を基準として消防用設備等の必要性などを判定します。また、1つの建物でも複数の用途として用いられている場合、消防用設備等の設置の上では別棟（別々の防火対象物）と扱われるケースがあります。別棟として扱われれば、棟ごとに消防用設備等の必要性などが判定されます。

　そのケースとは、1つの防火対象物が開口部のない耐火構造の床や壁で区画されているときは、その区画された部分は、それぞれ別々の防火対象物として扱われるというものです。

　これは消防法施行令8条で規定されているので「令8区画」と呼ばれています。以下の構造を満たせば、令8区画となります。

・区画を形成する壁や床が、鉄筋コンクリート造、鉄骨鉄筋コンクリート造など、またはこれらと同様に堅牢かつ容易に変更ができない構造であること

・区画を形成する壁や床が、通常の火災時の火熱に2時間耐えられる性能を有すること

・原則として、令8区画の耐火構造の床や壁の両端や上端が、外壁面または屋根面から50cm以上突き出ていること

また、2つの建物が渡り廊下や地下連絡路によって接続されている場合は、原則1棟と扱われます。ただし、以下の条件を満たす渡り廊下である場合は、接続する2つの建物が別棟と扱われます。

・通行または運搬のためにだけ利用され、かつ、可燃物品を置かず、通行に支障がないこと
・接続する建物の少なくとも一方の主要構造物が木造の場合には廊下の幅員が3m未満、接続する建物の双方が木造ではない場合には廊下の幅員が6m未満であること
・原則として、接続される建物相互間の距離が、1階は6m、2階以上の階は10mを超えるものであること

　また、以下の条件を満たす地下連絡路である場合は、接続する2つの建物が別棟と扱われます。

・地下連絡路の両端が出入口を除いて開口部のない耐火構造の壁や床で区画され、かつ、下地・仕上げともに不燃材料であること
・通行または運搬だけのために利用され、かつ、可燃物品を置かず、通行に支障がないこと
・原則として、地下連絡路の長さが6m以上、幅員が6m未満
・両端の出入口扉は面積が4㎡以下の特定防火設備であること
・スプリンクラー設備がない場合は排煙設備を設置していること

●特例により別棟の扱いを受ける場合もある

　同じ建物でも別棟として扱われるという特例があります。大規模な建物や各種の用途が複合した一体的な建物は、別棟にすることで火災の拡大防止や避難性能の向上をめざすことになります。別棟と扱うかどうかは、以下の点が満たされているかを考慮して判定します。

・接続部を介して他の建物に延焼しない
・接続部を介して他の建物に煙が広がらない
・接続を避難に利用しない
・それぞれの棟ごとに防火管理がなされている

消防用設備等の届出や検査について教えてください。

設置の届出や検査、定期点検が必要な場合があります。

　一定規模の防火対象物の関係者は、設置された消防用設備等を維持するために、定期的に点検し、その結果を消防長または消防署長に報告することが義務付けられています。

　点検の方法については、機器点検と総合点検の2種類があります。

　機器点検では、非常電源や動力ポンプが正常に作動するか、消防用設備等の機器の適正な配置、損傷等の有無その他主として外観から判別できる事項、消防用設備等の機能について、外観からまたは簡易な操作により判別できる事項の確認を行います。

　これに対し、総合点検では、消防用設備等を作動させ、または使用することで、総合的な機能が基準に適合しているかを確認します。

　点検の期間については、消火器具、消防機関へ通報する火災報知設備、誘導灯、消防用水、非常コンセント設備、無線通信補助設備などは、6か月に1回の機器点検が必要です。

　屋内消火栓設備、スプリンクラー設備、水噴霧消火設備、泡消火設備、不活性ガス消火設備、ハロゲン化物消火設備、粉末消火設備、屋外消火栓設備、動力消防ポンプ設備、自動火災報知設備などは、6か月に1回の機器点検と、1年に1回の総合点検が必要です。

　配線は、1年に1回の総合点検が必要です。

●**点検や各種報告制度について**

　防火対象物に設置された消防用設備等や特殊消防用設備等の点検は、消防整備士の免状を受けている者または消防設備点検の資格を有する者に行わせなければなりません。その結果は、消防長または消防署長に報告します。これを定期点検報告制度といいます。これらの者の点検が必要な防火対象物は、以下の①〜③に該当するものです。

① 　延べ面積1000㎡以上の特定防火対象物

② 　①以外の防火対象物のうち、延べ面積1000㎡以上で、消防長または消防署長が指定するもの

③ 　①②以外の防火対象物のうち、特定用途に用いられる部分が避難階以外の階にある防火対象物で、避難階以外の階から避難階や地上へ直通する階段が２つ以上設けられていないもの

●**届出や検査、定期点検が必要な場合とは**

　消防法施行令別表第一（159ページ図）の防火対象物のうち、法令で定められた防火対象物には、基準に沿った消防用設備等を設置することが義務付けられていますが、消防用設備等の設置工事が完了した際には、設置完了後４日以内に消防長または消防署長に届出（設置届）を行い、検査を受ける必要があります。

■ **消防用設備等の届出と点検報告制度** ……………………………………

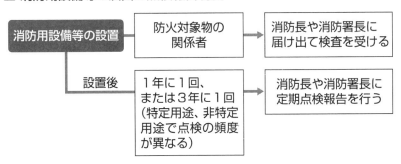

なお、一部の消防用設備等の設置は、甲種消防設備士などの資格を持っている者でなければ行うことができません。そのため、甲種消防設備士が政令で定める消防用設備等の工事をする際には、工事着手日の10日前までに、工事整備対象設備等の種類、工事の場所その他必要な事項を消防長または消防署長に届け出なければなりません。

　消防機関による検査を受け、基準に適合していると認められると、消防長または消防署長は検査済証を交付します。

　もっとも、設置時に検査済証の交付を受けたとしても、その状態を長く維持しなければなりません。そこで、消防法では、定期点検の実施と消防長または消防署長への報告義務を規定しています。報告の時期は、特定防火対象物の場合は1年に1回、非特定防火対象物の場合は3年に1回とされています。

●国家検定制度について

　消防用設備等は、いざというときに効果を発揮する性能を持っていなければ役に立ちません。そこで、次の機械器具については国家検定制度を設け、国家検定に合格したものでなければ販売・設置などができないと規定しています。

　国家検定を受けることが義務付けられている検定対象機械器具等としては、消火器、住宅用防災警報器、火災報知設備の感知器・発信機、スプリンクラー設備・水噴霧消火設備・泡消火設備に使う流水検知装置、金属製避難はしご、緩降機などがあります。

　なお、国家検定に合格すると、合格表示をつけることができるようになります。

第6章

さまざまな消防用設備

消火器・簡易消火用具

消火器・簡易消火用具とは

簡易消火用具と消火器をあわせて「消火器具」といいます。

簡易消火用具には、水バケツ、水槽、乾燥砂、膨張ひる石などがあります。簡易消火器具として用いられるのは水バケツや水槽が一般的ですが、水をかけると火の勢いが増す場合もあるので、乾燥砂や膨張ひる石が用いられることもあります。

これに対し、消火器には、粉末消火器、泡消火器、強化液消火器、二酸化炭素消火器などがあります。消火器は、持ち運びが簡単で、人の操作により安全に消火できる性能をもっていることが必要です。初期消火の際には迅速さが重要になるので、1つの動作で確実に対象物に放出（放射）できることが必要です。

・粉末消火器

粉末を放出することで消火を行います。現在製造されている消火器のほとんどは粉末消火器です。

・泡消火器

機械泡や化学泡を放出することで消火を行います。機械泡とは、容器内の界面活性剤、または、水成膜泡消火剤の水溶液をガスにして噴出させる際に、特殊ノズルを用いて機械的に生じる泡です。化学泡とは、2種類の薬剤を化学的に反応させることにより生じる泡です。

・強化液消火器

アルカリ金属により消火の性能が高まった液体を放出します。

・二酸化炭素消火器

二酸化炭素ガスを放出して窒息消火を行います。人体に有害であるため、住宅などには向いていませんが、汚損が生じないため、電気設備などの消火に向いています。

これらの消火器を、使用する場所や火災の種類等、または使用方法に応じて、以下のように使い分けていくことになります。

①　使用する場所による分類

　消火器を使用する場所による分類としては、「住宅用消火器」と「住宅用以外の消火器」に分類できます。住宅用消火器は、てんぷら油による火災やストーブ火災など、家庭で起こり得る火災に対応することが目的です。これに対して、住宅用以外の消火器は、消防法で消

■ A火災、B火災、C火災 ‥‥‥‥‥‥‥‥‥‥‥‥‥‥‥‥‥‥‥‥

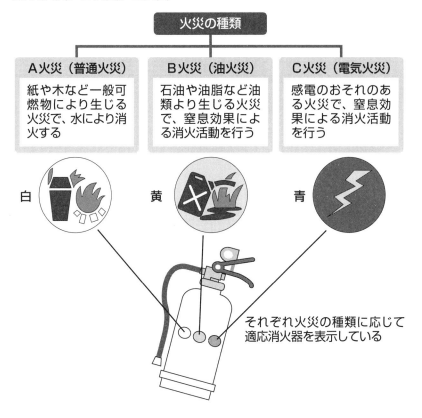

それぞれ火災の種類に応じて
適応消火器を表示している

火器設置義務を負う事業所等に置かれるもので、さまざまな規定が設けられています。

②　使用方法からの分類

消火器の大きさなどに応じて、使用方法の違いによる分類です。手提げ式、据置式、背負式、車載式などの分類が可能です。

③　薬剤の交換方式・加圧方法による分類

消火器内部の薬剤が交換可能か否かによる分類、または加圧用ガスボンベが取り付けられているか（加圧式）、消火剤と窒素ガスが蓄圧されているか（蓄圧式）という分類があります。

消火器の消火能力について

普通火災をA火災、油火災をB火災、電気火災をC火災といい、消火器にはA火災、B火災に対する能力単位が定められており、能力単位は、以下の簡易消火用具で消火できる能力を基準としています。

・容量8ℓ（リットル）以上の水バケツ3つで消火できる場合には能力単位1
・容量80ℓ以上の水槽1つと容量8ℓ以上の消火専用バケツ3つで消火できる場合には能力単位1.5
・容量190ℓ以上の水槽1つと容量8ℓ以上の消火専用バケツ6つで消火できる場合には能力単位2.5
・50ℓ以上の乾燥砂とスコップで消火できる場合には能力単位0.5
・160ℓ以上の膨張ひる石または膨張真珠岩とスコップで消火できる場合には能力単位1

実際の消火器の消火能力は消火剤の量によって異なります。また、対処すべき火災の種類によっても能力単位は異なってきます。たとえば、A火災に対する能力単位が1であっても、B火災に対する能力単位が2になる可能性はあります。

消火器の設置基準

劇場、映画館、キャバレー、老人ホーム、病院、地下街、文化財などの防火対象物では、その規模に関係なく、消火器を設置する義務があります。

これに対し、それ以外の防火対象物については、地階、無窓階、3階以上の階においては、床面積50㎡以上の場合に、どの場所であっても消火器の設置義務があります。それ以外の階においては、集会場、飲食店、ホテル、工場などでは、床面積150㎡以上の場合に消火器の設置義務があります。学校、図書館、神社、教会などでは、床面積300㎡以上の場合に消火器の設置義務があります。

消火器の設置本数は、能力単位数値の合計数と床面積との関係で決まり、かつ、各階に歩行距離20m以下ごとに1本必要です。ただし、主要構造部を耐火構造とし、かつ、壁や天井を難燃材料で仕上げている場合は、消火器の設置本数を減らすことができます。

また、屋内消火栓設備、スプリンクラー設備などを設置した場合も、消火器の設置本数を減らすことができます。ただし、11階以上の階については、屋内消火栓設備やスプリンクラー設備があっても、消火器の設置本数を減らすことはできません。

■ 消火器の設置免除

消火器の設置免除	
屋内消火栓設備、スプリンクラー設備などを設置した場合	大型消火器を設置した場合
能力単位数を3分の1まで減少できる(11階以上の階を除く)	能力単位数を2分の1まで減少できる

屋内消火栓設備

屋内消火栓の種類

　屋内消火栓設備とは、人が操作をすることで放水消火を行う固定式の消火設備であり、水源、加圧送水装置（ポンプ）、屋内消火栓（屋内消火栓箱、開閉弁、ホース、ノズルなど）、起動装置、非常電源などにより構成されています。

　屋内消火栓設備として一般的に用いられるのは、配管の中はポンプからの水で満たしておき、火災時に消火栓を起動させてホースを使って水をまいて消火するというものです。

　そして、屋内消火栓については、1号消火栓と2号消火栓の2種類があります。

　1号消火栓は、半径25m以内にあるものに対して水が届くことが必要であり、2人以上で操作します。ホースの長さは30m程度、ホース径は40mm程度です。放水量は毎分130ℓ（リットル）以上、ポンプ吐水能力は毎分150ℓに消火栓設置個数を掛けたもの、水源水量は2.6㎥に消火栓設置個数を掛けたものになります。

　2号消火栓は、半径15m以内にあるものに対して水が届くことが必要であり、1人で操作が可能です。ホースの長さは20m程度、ホース径は25mm程度です。放水量は毎分60ℓ以上、ポンプ吐水能力は毎分70ℓに消火栓設置個数を掛けたもの、水源水量は1.2㎥に消火栓設置個数を掛けたものになります。

　以上から、放水能力という点では、1号消火栓の方が2号消火栓より優れています。しかし、最近では1人でも操作可能な易操作性1号消火栓や、操作性は2号消火栓のままで広範囲に（半径25m以内）放水可能な広範囲型2号消火栓が開発され、政令で認定されており、それらの方が一般的に用いられるようになっています。

もっとも、消防法施行令別表第一（159ページ）の⑿イ（工場など）、⒁（倉庫）に掲げる防火対象物には、１号消火栓を設置しなければなりません。それ以外の防火対象物であれば、原則として、１号消火栓を設置しても２号消火栓を設置してもかまいません。

設置基準と免除される場合

　屋内消火栓設備が必要かどうかは、建物の用途や階数、床面積に応じて変わってきます。

　たとえば、消防法施行令別表第一の⑴（劇場、集会場など）に掲げる防火対象物においては、地階、無窓階、４階以上の階では、床面積100㎡以上の場合に設置が必要です。それ以外の階では、床面積500㎡

■ 1号消火栓か2号消火栓の操作手順 ……………………………………

1号消火栓

起動ボタンを押す

⬇

ホースを取り出して火元まで伸ばす

⬇

消火栓のところにいる人に合図する

⬇

合図を受けた人は消火栓のバルブを開く

⬇

ノズルから放水する

2号消火栓

消火栓の扉を開く

⬇

開閉弁を開放するかノズルを脱着する

⬇

ノズルの開閉弁を操作して放水する

以上の場合に設置が必要です。

　また、同じく消防法施行令別表第一の(2)～(10)、(12)、(14)（キャバレー、遊技場、料理店、百貨店、旅館、学校、図書館、工場、倉庫など）に掲げる防火対象物においては、地階、無窓階、4階以上の階では、床面積150㎡以上の場合に設置が必要です。それ以外の階では、床面積700㎡以上の場合に設置が必要です。

　ただし、スプリンクラー設備、屋外消火栓設備、動力消防ポンプ設備などを設置した場合は、これらの消火設備の有効範囲については、屋内消火栓設備を設置する必要はありません。

　また、上記の床面積は、主要構造部を耐火構造として内装を難燃材料以上としたものは3倍の面積（たとえば、150㎡⇒450㎡）、主要構造部を準耐火構造として内装を難燃材料以上としたものは2倍の面積（たとえば、150㎡⇒300㎡）として見ることができます。

屋内消火栓の水源

　屋内消火栓の水源（床上水槽、床下水槽、高架水槽など）は、規定以上の水量が確保されるように設けなければなりません。

　たとえば、1号消火栓の場合は、設置個数が最も多い階における当該設置個数（2を超えるときは2とする）に2.6㎡を掛けて得た量以上の水量が必要です。一方、2号消火栓の場合は、設置個数が最も多い階における当該設置個数（2を超えるときは2とする）に1.2㎡を掛けて得た量以上の水量が必要です。

　その他、水源の性質は原則として上水道水とし、機器、配管、バルブなどに影響を与えないものであることも必要とされています。

スプリンクラー設備

スプリンクラー設備とは

　スプリンクラー設備とは、火災時の熱を感知することで自動的に散水して消火を行う自動消火装置のことであり、初期消火に有効な消火設備です。スプリンクラー設備は、開放型と閉鎖型の2種類に分けることができます。一般に使用されているのは、水の出口が常に閉じられている閉鎖型です。このうち閉鎖型のスプリンクラー設備は、①湿式、②乾式、③予作動式の3種類に分けることができます。

　①湿式は、スプリンクラーヘッドまで水が充満しています。火災時には熱を感知してスプリンクラーヘッドが破壊され、開放された水が散水されます。そして、この水の流れを感知し、加圧送水装置が起動します。熱を感知してからすぐに散水できるので、通常は湿式スプリンクラー設備が用いられます。湿式スプリンクラー設備は、原則として天井高さが10m以下の部分に設けることができます。なお、スプリンクラーヘッドは、下向き型のもの（ペンダント型）と上向き型（アップライト型）のものがあります。183ページ図のスプリンクラー設備の作動の流れも、湿式を念頭に置いて説明しています。

　②乾式は、配管内には空気が充満し、スプリンクラーヘッドが開放されると、最初に空気が放出され、その後に水が散水されるという方法で消火をします。おもに水が凍結するおそれのある寒冷地の建物で乾式スプリンクラー設備が使われます。乾式スプリンクラー設備は、湿式スプリンクラー設備と同様に、原則として天井高さが10m以下の部分に設けることができ、一般的にスプリンクラーヘッドは上向き型（アップライト型）が採用されています。

　③予作動式は、圧縮空気を充填しておき、スプリンクラーヘッドに加えて火災感知機を設け、火災感知機が火災を感知することで水が送

られ、火熱によるスプリンクラーヘッドの感熱体の作動により散水するという方式で消火をします。おもにコンピュータ室や通信機械室など水による被害が大きくなりやすい場所で予作動式スプリンクラー設備が使われます。火災でない時に、スプリンクラーヘッドが誤作動しても予作動式流水検知装置が開かず、水損を防止できるためです。予作動式スプリンクラー設備は、他のスプリンクラー設備と同様に、原則として天井までの高さが10m以下の部分に設けることができます。

以上に対し、開放型のスプリンクラー設備は、水の出口が常に開いています。劇場や舞台など天井が高い場所では、火災が起きても熱が上昇するのに時間がかかります。そのため、閉鎖型のスプリンクラー設備を使うと、感熱体が熱を感知するまでに時間がかかります。そこで、感熱体のない開放型のスプリンクラーヘッドを使い、火災感知器と連動させるか、手動により開放弁を開いて散水します。

スプリンクラー設備の設置基準

スプリンクラー設備の設置が必要かどうかは、防火対象物の用途の他、防火対象物の床面積、延べ面積（各階の床面積の合計）、階数などによって変わってきます。たとえば、以下のような設置基準が設けられています。

・キャバレー、カラオケボックス、性風俗店などの場合

延べ面積が6000㎡以上の場合にスプリンクラー設備を設置する必要があります。また、地階、無窓階、4階から10階までの階には、床面積が1000㎡以上の場合にスプリンクラー設備を設置する必要があります。さらに、11階以上の階には、床面積にかかわらずスプリンクラー設備を設置する必要があります。

・病院の場合

原則として延べ面積が3000㎡以上の場合にスプリンクラー設備を設置する必要があります。また、地階、無窓階には、床面積が1000㎡以

上の場合にスプリンクラー設備を設置する必要があります。4階から10階までの階には、床面積が1500㎡以上の場合にスプリンクラー設備を設置する必要があります。さらに、11階以上の階には、床面積にかかわらずスプリンクラー設備を設置する必要があります。

・救護施設、障害児入所施設、障害児支援施設の場合

　原則として延べ面積に関係なく、スプリンクラー設備を設置する必要があります。ただし、介助がなければ避難できない人をおおむね8割以上入所させていない場合は、延べ面積275㎡以上でなければスプリンクラー設備の設置義務はありません。

　その他、共同住宅には、共同住宅用スプリンクラー設備が設置されます。特定共同住宅は、その用途に合わせて適切な消防用設備等を設置することが認められていますが、その一環が共同住宅用スプリンクラー設備です。共同住宅用スプリンクラー設備の設置については、消防庁の告示に詳細が規定されています。原則としては階数が11以上の場合に、11階以上の階に設置され、スプリンクラーヘッド、制御弁、自動警報装置、送水口などにより構成され、住戸・共用室・管理人室

■ 一般的なスプリンクラー設備（閉鎖型・湿式）の作動の流れ ……

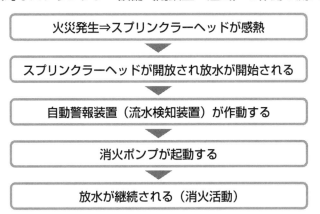

火災発生⇒スプリンクラーヘッドが感熱

スプリンクラーヘッドが開放され放水が開始される

自動警報装置（流水検知装置）が作動する

消火ポンプが起動する

放水が継続される（消火活動）

ごとに自動警報装置の発信部が設けられることになっています。

緩和規定

　建物によっては、スプリンクラー設備の設置やスプリンクラーヘッドの設置が不要になります（次ページ図参照）。

スプリンクラー代替区画（13条区画）

　スプリンクラー代替区画とは、防火対象物の主要構造部を耐火構造とし、一定の防火区画をすることで、火災の延焼防止の効果が生じるため、スプリンクラー設備の設置が不要となる階の部分のことをいいます。消防法施行規則13条に詳細な規定があるため「13条区画」ともいいます。なお、キャバレー・百貨店・共同住宅などの用途に供される建物、劇場などの舞台部、地階・無窓階、地下街、ラック式倉庫、指定可燃物を取り扱っている建物などについては、火災の危険性が大きいため、スプリンクラー代替区画の規定が適用されません。

　スプリンクラー代替区画とすることができるのは、耐火構造の壁や床で区画され、原則として以下の条件を満たす部分です。

・区画の大きさが11階以上であれば100㎡以下、10階以下であれば200㎡以下であること

・壁や天井の内装が難燃材料以上で作られていること

・区画部分の開口部の大きさについて、開口部の面積の合計が8㎡以下、かつ、1つの開口部面積が4㎡以下であること

・開口部（大きさ75cm以上、高さ1.8m以上、下端の床面からの高さ15cm以下）の構造が、特定防火設備である防火戸（防火扉）であり、鉄製網入りガラスであり、居室から地階に通じる廊下や階段については直接手で開くことができ、自動閉鎖部分があること

スプリンクラーヘッドとは

　スプリンクラーヘッドとは、放水口から出てきた水をデフレクターという散水板にあてることで、その水を四方に散らばせる装置のことです。一定の温度に達するとスプリンクラーヘッドが分離・落下して放水できるようにする火災感熱体部分、ノズルと呼ばれる放水口、デフレクターから構成されます。

■ スプリンクラー設備の設置が免除される部分 ……………………

スプリンクラー設備の設置が免除される部分			
水噴霧消火設備、泡消火設備、不活性ガス消火設備、ハロゲン化物消火設備、粉末消火設備の有効範囲	10階以下の開口部に防火設備が設けられている場合	耐火構造の壁や床で区画され、スプリンクラー代替区画に適合している場合	パッケージ型自動消火設備を設置した場合

■ スプリンクラーヘッドの設置が免除される部分 ………………

スプリンクラーヘッドの設置が免除される部分		
火災発生の危険が少ない場所	**二次的な被害が出るおそれのある場所**	**効果が期待できない場所**
階段、便所、浴室、エレベーター機械室、複合用防火対象物で車両の停車場・発着場のうち、乗降場とこれに通じる階段や通路など	手術室、分娩室、発電室、電気設備の設置場所、通信機器室、電子計算機器室、電子顕微鏡室、麻酔室、レントゲン室など	エレベーターの昇降路、リネンシュート、パイプダクト、直接外気に開放されている廊下など

スプリンクラーヘッドを取り付ける場所によって、スプリンクラーヘッドの標示温度（スプリンクラーヘッドが作動する温度としてあらかじめ表示されている温度）を選択する必要があります。スプリンクラーヘッドを取り付ける際には、その場所の最高周囲温度によって、スプリンクラーヘッドの種類を選ばなければなりません。

具体的には、①取り付ける場所の最高周囲温度が39℃未満であれば、標示温度は79℃未満、②取り付ける場所の最高周囲温度が39℃以上64℃未満であれば、標示温度は79℃以上121℃未満、③取り付ける場所の最高周囲温度が64℃以上106℃未満であれば、標示温度は121℃以上162℃未満、④取り付ける場所の最高周囲温度が106℃以上であれば、標示温度は162℃以上としなければなりません。

また、スプリンクラーヘッドの半径や間隔は、防火対象物の用途、ヘッドの性能、耐火建築物であるかどうかで決められています。スプリンクラーヘッドは、防火対象物の用途や構造により一定の間隔で配置して、それぞれのスプリンクラーヘッドの有効範囲とする円により隙間が生じないように配置しなければなりません。たとえば、梁や垂れ壁などがある場合には、これを考慮してスプリンクラーヘッドが有効に機能するように配置しなければなりません。

スプリンクラーヘッドは、閉鎖型、開放型、放水型の3種類があります。このうち広く用いられている閉鎖型には、散水の状態によって標準型、小区画型、側壁型があります。配置の方法はスプリンクラーヘッドの種類によって変わります。たとえば、標準型を用いる場合には、格子配置や千鳥配置が用いられます。また、小区画型や側壁型を用いる場合には、スプリンクラーヘッドを有効に機能させるため、何も設置しない部分を設ける必要があります。

特殊消火設備

特殊消火設備とは

　特殊消火設備には、①水噴霧消火設備、②泡消火設備、③不活性ガス消火設備、④ハロゲン化物消火設備、⑤粉末消火設備の５種類があります。大規模な防火対象物においては、これらの特殊消火設備の設置が必要となることがあります。

水噴霧消火設備

　水噴霧消火設備とは、スプリンクラーと同様にヘッドから散水して消火を行う設備ですが、スプリンクラーから水の粒が細かく噴霧された霧状の水による冷却作用と、蒸気によって酸素を遮断する窒息作用によって消火を行う設備のことです。水噴霧ヘッドから放出される霧状の水は、高熱により水蒸気になります。このときに炎から熱を奪って火災を鎮静化することができます。また、同じ量の水でも粒が小さくなると表面積が大きくなります。そのため、熱を吸収しやすくなり、冷却効果が高まります。

　霧状の水は電気を通しにくいので、水噴霧消火設備は電気火災にも有効です。さらに、霧状の水は熱を吸収すると、容易に水蒸気に変化します。そして、水蒸気に変化すると、体積が急激に大きくなります。この水蒸気が炎を覆うことで、燃焼物への酸素の供給を遮断することができます。また、霧状の水は油の表面に不燃性の層を形成するので、油火災に対しても有効な消火設備です。

　水噴霧消火設備を設置する場合、同時に排水設備も設置しなければなりません。噴霧された霧が冷却され水となったものが溜まらないように、それを排出する排水設備が必要になるからです。水噴霧消火設備は、以下の場合に原則として設置する必要があります。

① 駐車の用途として使用している階で、その部分の床面積が地階では200㎡以上、1階では500㎡以上、2階以上では200㎡以上、屋上では300㎡以上の場合。ただし、駐車するすべての車両が同時に屋外に出ることができる場合には設置は不要

② 昇降機などの機械設備を使用して車両を駐車させる設備で、車両収容台数が10台以上の場合

③ 道路と建物が一体となっていて、道路の部分の床面積が屋上では600㎡以上、その他では400㎡以上の場合

④ 指定可燃物数量が一定以上の指定可燃物の貯蔵・取扱所

なお、スプリンクラー設備を設置すれば、一定の要件を満たすことにより、水噴霧消火設備の設置を免除される場合があります。

泡消火設備

泡消火設備とは、水による消火では消火効果が薄いか、散水することで火災が拡大する可能性がある場所などで使用される消火設備のことであり、駐車場やガソリンの貯蔵施設などで用いられています。泡消火設備は、燃焼物を泡の層で覆って空気を遮断し、窒息効果と冷却効果により消火を行います。

泡消火設備は移動式と固定式に分けることができます。

移動式の泡消火設備は、ホースやノズルなどを用います。火災の際は人間の手によって炎に対して泡を放出します。これに対し、固定式の泡消火設備は、スプリンクラー等のように泡放出口が固定されており、放出された泡で防護対象物を覆うことにより消火を行います。泡消火設備は、以下の場所に原則として設置する必要があります。

① 飛行機や回転翼航空機（ヘリコプターなどのこと）の格納庫

② 屋上部分で回転翼航空機や垂直離着陸航空機の発着場

③ 自動車の整備や修理を行う部分で、その部分の床面積が1階では500㎡以上、地階や2階以上では200㎡以上の場合

④　駐車の用途として使用している階で、その部分の床面積が１階で
は500㎡以上、地階や２階以上では200㎡以上、屋上では300㎡以上
の場合

⑤　昇降機などの機械設備を使用して車両を駐車させる設備で、車両
収容台数が10台以上の場合

⑥　道路と建物が一体となっていて、道路の部分の面積が屋上では
600㎡以上、その他では400㎡以上の場合

⑦　指定可燃物数量が一定以上の指定可燃物の貯蔵・取扱所

　なお、スプリンクラー設備を設置すれば、一定の要件を満たすこと
により、泡消火設備の設置を免除される場合があります。

　また、泡消火設備の起動方法には自動式と手動式があります。自動
式は、火災報知機の感知器の作動、閉鎖型スプリンクラーヘッドの開
放、火災感知用ヘッドの作動のいずれかと連動して泡消火設備を起動
します。これに対し、手動式は、直接の操作か、もしくは遠隔からの
操作により泡消火設備を起動します。

不活性ガス消火設備

　不活性ガス消火設備とは、二酸化炭素、窒素、アルゴン、あるいは
これらの不活性ガスを混ぜ合わせたものを消火剤とする消火設備のこ
とをいいます。不活性ガスが放出されると室内の酸素濃度が低下しま
す。これによる窒息効果により炎を抑制する効果が期待できます。

　不活性ガス消火設備は、おもに水を使用できない場所に設置されま
す。たとえば、油火災や電気火災が起こると予想される場所に不活性
ガス消火設備が設置されますし、設置してある機器を水で故障させた
くない場合も不活性ガス消火設備が用いられます。不活性ガス消火設
備は、気体の圧力で放出する構造になっていますので、ポンプなどの
動力源がなくても、消火剤を放出できるという利点があります。

　また、ガス状の消火剤を用いるため、構造が複雑な出火場所に対し

ても局所的に消火できるという特徴も持っています。消火剤自体に毒性はないものの、空気中の酸素濃度を低下させるという性質上、人命への危険を伴うため、消火剤放出による安全対策の徹底が必要です。

　なお、スプリンクラー設備を設置すれば、一定の要件を満たすことにより、不活性ガス消火設備の設置を免除される場合があります。

　不活性ガス消火設備には、移動式と固定式の２種類があり、固定式については、さらに全域放出方式と局所放出方式に分けられます。

　移動式の場合、消火剤を貯蔵している容器が固定されていて、人がノズル付きホースを持って火に近づき、不活性ガスを放出することで消火を行います。

　これに対し、固定式の場合は、すべての機器が固定して取り付けられていて、常時人が立ち入らず、火災の際に煙が充満する可能性がある場所に設置します。

　固定式のうち全域放出方式は、防護区画内（部屋内）の全体に不活性ガスを放出することで消火をします。局所放出方式は、防護対象物に対して直接に不活性ガスを放出して消火する方式です。

　全域放出方式の噴射ヘッドは、不燃材料で造った壁、柱、床または天井により区画されていなければなりません。そして、放射された消火剤が防護区画の全域に均一に、かつ、速やかに拡散するような噴射ヘッドを用いる必要があります。

■ 不活性ガス消火設備の起動の流れ

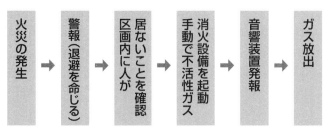

火災の発生 → 警報（退避を命じる）→ 居ないことを確認区画内に人が → 消火設備を起動手動で不活性ガス → 音響装置発報 → ガス放出

全域放出方式を用いる場合、密閉された区画内に消火剤を放出するため、人命を守るための措置を講じる必要があります。たとえば、ガス放出時に警報を発するための音響装置の設置や、放出された消火剤を安全な場所に排出するための措置が必要です。

　不活性ガス消火設備の起動方法には、手動式と自動式の2種類がありますが、原則として手動式を採用します。自動式にすると、不活性ガス消火設備がある防護区画内で人が窒息してしまうおそれがあるからです。ただし、普段人がいない場所や、手動式にすることが不適当な場所である場合には、自動式にすることができます。手動式の起動装置は、防護区画内全体を見渡すことができ、装置を操作した人が退避できる場所に設置します。火災が発生した後、防護区画内に人がいないことを確認してから起動装置を操作します。

ハロゲン化物消火設備

　ハロゲン化物とは、フッ素、塩素、臭素、ヨウ素などの化合物のことをいいます。ハロゲン化物は沸点が低く、低い温度でも沸騰して気体になります。この気体は不燃性で、空気よりも重いという特徴があります。液状化しているハロゲン化物を炎に対して放射すると、すぐに気化して重い気体となり酸素を遮断し、燃焼の連鎖反応を中断します。これにより炎を鎮火できます。

　もっとも、ハロゲン化物にはオゾン層破壊物質の一種も含まれることから、ハロゲン化物の一部の使用に規制がかけられています。

　ハロゲン化物消火設備には、移動式と固定式があります。固定式については、さらに全域放出方式（防護区画内全体にハロゲン化物を放出することで消火を行うしくみのもの）と、局所放出方式（直接に消火剤を放出することで消火を行うしくみのもの）に分けられます。

　移動式は、消火剤貯蔵容器とホースリールを固定し、ホースとホースノズルを操作し、これを移動させながら消火を行います。移動式の

ホース接続口は、すべての防護対象物について、防護対象物の各部分からホース接続口までの水平距離が20m以下となるようにする必要があります。

　固定式は、すべての機器が固定されており、火災時に煙が充満する場所に設置します。固定式のうち全域放出方式は、防護区画内の全体にハロゲン化物を放出し、酸素濃度を低下させることで消火を行います。局所放出方式は、防護対象物に直接消火剤を放出することで消火を行います。全域放出方式や局所放出方式の噴射ヘッドは、それぞれ標準放射量で防護対象物の火災を有効に消火することができるように、必要な個数を設置する必要があります。

　また、ハロゲン化物消火剤容器に貯蔵するハロゲン化物消火剤の量は、防護対象物の火災を有効に消火できる量以上の量となるようにしなければなりません。さらに、ハロゲン化物消火剤容器と加圧用容器は、点検に便利であり、火災の際の延焼のおそれと衝撃による損傷のおそれが低く、かつ、温度の変化が少ない箇所に設ける必要があります。なお、全域放出方式または局所放出方式のハロゲン化物消火設備

■ ハロゲン化物消火設備の全体像 ……………………………………

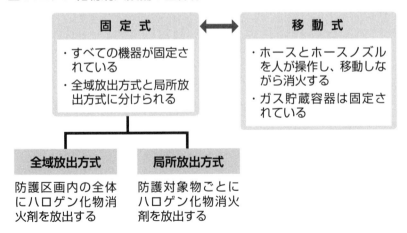

には、非常電源を設置しなければなりません。

　ハロゲン化物消火設備の起動方法には、手動式と自動式の2種類があります。手動式の場合は、防護区画外で、入口付近など区画内を見渡せる場所に設置します。これにより、起動した人の退避が容易になります。また、手動式の操作部は、床から0.8m以上1.5m以内の箇所に設置します。これに対し、自動式の場合は、火災報知機と連動させるようにします。そして、区画内の異なる2つの感知器が両方作動した場合に、ハロゲン化物消火設備が起動するようにします。

　ハロゲン化物消火設備の起動方式は、不活性ガス消火設備と同様に原則として手動式であり、手動式が不適当な場所でのみ自動式を用いることができます。

粉末消火設備

　粉末消火設備とは、噴射ヘッドやノズルから粉末消火剤を放出することで消火をする設備のことです。消火剤が分解することで生じる二酸化炭素が空気中の酸素濃度を低下させることで消火します。粉末消火設備は、大きな消火能力を発揮するので、ビルの駐車場、ボイラー室、火力発電所施設、石油精油所、化学工場といった危険物施設等に設置されることが多いようです。

　設備については、ハロゲン化物消火設備や不活性ガス消火設備と似ていますが、放出する消火剤の種類が液体や気体ではなく固体であるという点に特徴があります。

　粉末消火設備には、移動式と固定式の2種類があります。固定式については、さらに全域放出方式と局所放出方式に分けられます。

　移動式の場合は、消火剤貯蔵容器とホースリールを固定し、ホースとホースノズルを人が操作することで消火活動を行います。移動式の設置場所は、外壁のない建物や、開口部が確保でき煙が著しく充満するおそれがない場所（煙の影響を受けにくい場所）に限ります。格納

箱にあらかじめ粉末消火薬剤の貯蔵容器やホース、噴射ノズルがセットされ、火災場所まで人がホースを延長して操作することで、粉末消火薬剤を放出する方式であるため、火元に対して直接的に消火できるというメリットがあります。また、移動式のホース接続口は、すべての防護対象物について、防護対象物からホース接続口までの水平距離が15m以下となるようにしなければなりません。

これに対し、すべての機器を固定されているのが固定式の粉末消火設備です。火災時に煙が充満するおそれがある場所に設置されます。固定式のうち全域放出方式の場合は、防護区画内の全体に粉末消火剤を放出することで消火を行います。一方、局所放出方式の場合は、防護対象物に対して粉末消火剤を放出することで消火を行います。全域放出方式や局所放出方式の噴射ヘッドは、それぞれ標準放射量で防護対象物の火災を有効に消火することができるように、必要な個数を設けなければなりません。また、全域放出方式や局所放出方式には、非常電源を付置しなければなりません。

そして、粉末消火設備には、粉末消火剤の貯蔵容器または貯蔵タンク、選択弁、容器弁の開放装置を設ける必要があり、放射圧力が均一になるような配管等が行われなければなりません。

■ 粉末消火設備の全体像

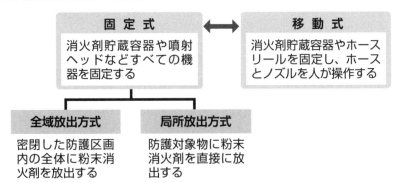

また、粉末消火剤容器に貯蔵する粉末消火剤の量は、防護対象物の火災を有効に消火することができる量以上の量となるようにしなければなりません。

　さらに、粉末消火剤容器と加圧用ガス容器は、点検に便利で、火災の際の延焼のおそれや衝撃による損傷のおそれが少なく、かつ、温度の変化が少ない箇所に設けなければなりません。

　粉末消火設備の起動方式には、手動式と自動式の２種類があります。手動式の場合、区画内を見たわせる場所に設置し、操作をした人が容易に退避できるようにしておく必要があります。また、操作部は床面から80cm以上1.5m以内の部分に設置します。これに対し、自動式の場合は、自動火災報知設備（203ページ）と連動して起動するものでなければなりません。

■ 特殊消火設備

水噴霧消火設備	スプリンクラーから水の粒が細かく噴霧された霧状の水による冷却作用と、蒸気により酸素を遮断する窒息作用により消火する設備
泡消火設備	燃焼物を泡の層で覆って空気を遮断し、窒息効果と冷却効果により消火する設備
不活性ガス消火設備	二酸化炭素、窒素、アルゴン、あるいはこれらの不活性ガスを混ぜ合わせたものを消火剤とする設備
ハロゲン化物消火設備	液状化したハロゲン化物を炎に放射し、それが気化して重い気体となり酸素を遮断し、燃焼の連鎖反応を中断して消火する設備
粉末消火設備	噴射ヘッドやノズルから粉末消火剤を放出して消火する設備

屋外消火栓設備

屋外消火栓設備

　屋外消火栓設備とは、消火栓箱が屋外に設けられており、建築物（建物）の外部から放水を行うことで、建築物の1階と2階の部分で生じた火災を消火したり延焼を防止したりする設備です。屋外消火栓設備は、水源、加圧送水装置、ホース、屋外消火栓箱などで構成されます。

　屋外消火栓設備には、屋外消火栓箱の他に、地上に消火栓の開閉弁がある地上式と、地下にピット（穴、くぼみ）を設けてその中に消火栓開閉弁を設置している地下式があります。

　屋外消火栓設備については、放水口のホース接続口が、原則として屋外消火栓箱の内部に収納されていなければなりません。また、屋外消火栓箱に収納されるホースは、消火栓箱が防護できる範囲の歩行距離を考慮して、2本以上収納しなければなりません。

　屋外消火栓設備は、一般人の使用を想定して設置されていますが、おもに念頭に置かれているのは、消防隊員が消防活動を行う際に利用する場合です。そこで、消防隊員が円滑に消防活動を遂行できるように、設置基準においてさまざまな配慮が行われています。

設置基準と免除される場合

　屋外消火栓設備は、建築物の用途によって設置が必要かどうかが変わることはありません。耐火建築物であれば1階と2階の床面積の合計が9000㎡以上の場合に、準耐火建築物であれば1階と2階の床面積の合計が6000㎡以上の場合に、その他の建築物であれば1階と2階の床面積の合計が3000㎡以上の場合に、それぞれ屋外消火栓設備を設置する必要があります。

ただし、スプリンクラー設備、水噴霧消火設備、泡消火設備、不活性ガス消火設備、ハロゲン化物消火設備、粉末消火設備、動力消防ポンプ設備を設置した場合には、これらの設備の有効範囲については屋外消火栓設備を設置する必要はありません。

　また、プールやスケートリンクの滑走部分、サイダー工場、ジュース工場、汚水処理場などであって、不燃材料で作られた建築物である場合にも、屋外消火栓設備の設置の必要はありません。

　屋外消火栓設備は、おもに初期から中期に進行した火災を消火することを目的として設置されています。そして、消火活動は主として屋外において行うことが念頭に置かれています。そのため、屋外消火栓設備の設置基準として消防法施行令が規定する「建築物の各部分」とは、建築物の1階部分の外壁等を指しており、外部から消火活動が可能であれば、この基準を満たしているものと考えられています。

技術的基準

　屋外消火栓設備の有効範囲は半径40m以内とします。屋外消火栓設備の有効範囲により、建物をすべて包含できるように配置します。消

■ 屋内消火栓設備と屋外消火栓設備の違い ……………………………

	屋内消火栓設備（1号消火栓）	屋外消火栓設備
設置水平距離	半径25mで防火対象物が含まれる	半径40mで防火対象物が含まれる
放水量	毎分130ℓ	毎分350ℓ
ポンプ吐水能力	毎分150ℓに消火栓設置個数を掛けたもの	毎分350ℓに消火栓設置個数を掛けたもの
放水圧	0.17～0.7Mpa	0.25Mpa以上
水源の容量	2.6㎥に消火栓設置個数を掛けたもの	7.0㎥に消火栓設置個数を掛けたもの

火活動や避難活動に支障がなく、配管や消火栓が腐食・凍結しない点に留意して設置しなければなりません。ホースは、消火栓に接続せず、消火栓から５ｍ以内にあるホース格納庫に収納しておくこともできます。消火の際には、ホースを消火栓に接続することで使用します。

　また、屋外消火栓設備の技術上の基準について、放水量は毎分350ℓ（リットル）以上、放水圧力は0.25ＭＰａ以上、水源水量は7.0㎥に消火栓設置個数を掛けたもの、ポンプ吐出能力は毎分350ℓに消火栓設置個数を掛けたものでなければなりません。起動装置については、直接操作できるものであり、屋外消火栓箱の内部、または直近に設けられた操作部から遠隔操作できなければなりません。

　屋外消火栓設備の消火能力は屋内消火栓設備に比べて高くなっています。そのため、屋外消火栓設備を適切に使用するためには、訓練が必要になります。

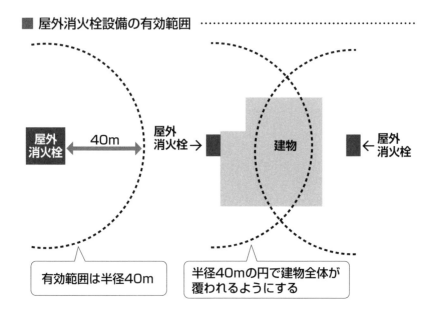

■ 屋外消火栓設備の有効範囲 ·····································

屋外消火栓　40m　屋外消火栓→　建物　屋外消火栓

有効範囲は半径40m

半径40mの円で建物全体が覆われるようにする

198

動力消防ポンプ設備

動力消防ポンプ設備

　動力消防ポンプ設備とは、エンジン付きの消防ポンプで移動が可能な設備のことをいい、火災の際には動力消防ポンプを起動させ、ホースなどにより消火します。動力消防ポンプ設備は、動力消防ポンプ、ホース、ノズル、吸管、水源により構成されています。

　動力消防ポンプ設備には、消防ポンプ自動車と可搬消防ポンプの2種類があります。

　消防ポンプ自動車は、消防車またはポンプ車とも呼ばれ、動力消防ポンプが自動車の車台に固定されています。消防署に配置されていることが多いですが、自衛消防隊用として使われることもあります。

　これに対し、可搬消防ポンプは、動力消防ポンプが人力によって搬送されるものであるか、人力で牽引される車両や自動車の車台に取り外しができるようにして搬送されるものをいいます。可搬消防ポンプについては、燃料や冷却水などの液体を取り除いたときの重量が人力で運べるように軽量に抑えられています。

技術的基準

　動力消防ポンプは、消防ポンプ自動車または自動車によって牽引されるもの（水源からの歩行距離が1000m以内の場所に常置すればよい）を除いて、水源の直近の場所に常置しなければなりません。その上で、動力消防ポンプの使用の障害となる物件や工作物などがなく、火災や雨水などの影響を受けない場所に設けなければなりません。

　また、放水量については、屋内消火栓の設置が義務付けられている防火対象物は毎分0.2㎡以上、屋外消火栓の設置が義務付けられている防火対象物は毎分0.4㎡以上の放水量が必要です。

水源の配置については、以下の長さを半径とする円により防火対象物が覆われるように配置しなければなりません（規格放水量）。

① 動力消防ポンプの放水量が毎分0.5㎥以上の場合には半径100m以下の円

② 動力消防ポンプの放水量が毎分0.4㎥以上0.5㎥未満の場合には半径40m以下の円

③ 動力消防ポンプの放水量が毎分0.4㎥未満の場合には半径25m以下の円

　さらに、水源の水量については、規格放水量で20分以上続けて放水できるだけの水量を確保する必要があります。

屋内消火栓設備や屋外消火栓設備との代替関係

　一定規模以上の建物の1階と2階については、屋外消火栓設備と動力消防ポンプの両方を設置する必要がありません。いずれか1つを設置すればよいとされています。

　また、一定規模以上の建物の1階と2階に屋外消火栓設備または動力消防ポンプのいずれかを設置した場合には、その建物の1階と2階については屋内消火栓設備を設置する必要がありません。

■ 一定規模以上の建物に適用される代替関係 ………………………

3000㎡（準耐火であれば6000㎡、耐火であれば9000㎡）以上の建物については屋内・屋外消火栓設備と代替関係あり

建物の1階、2階に屋外消火栓設備を設置	→	屋内消火栓設備と動力消防ポンプ設備が不要になる
建物の1階、2階に動力消防ポンプ設備を設置	→	屋内消火栓設備と屋外消火栓設備の設置が不要になる

パッケージ型消火・自動消火設備

パッケージ型消火設備

　パッケージ型消火設備とは、屋内消火栓のように、人がホースを延長してノズルから消火剤を放出することにより消火を行う消火設備です。消化剤貯蔵容器、圧力調整機、加圧用ガス容器、ホース、ノズル開閉弁などにより構成されています。

　パッケージ型消火設備は、その性能によってⅠ型とⅡ型に分けられています。

　Ⅰ型の場合は、地階を除く階が6階以下で延べ面積が3000㎡以下の耐火建築物、あるいは地階を除く階が3階以下で延べ面積が2000㎡以下の耐火建築物以外の建物に設置することができます。設置位置は、階の各部分から1つのホース接続口までの距離が20m以下になるようにします。防護部分の面積は850㎡以下です。

　Ⅱ型の場合は、地階を除く階が4階以下で延べ面積が1500㎡以下の耐火建築物、あるいは地階を除く階が2階以下で延べ面積が1000㎡以下の耐火建築物以外の建物に設置することができます。設置位置は、階の各部分から1つのホース接続口までの距離が15m以下になるようにします。防護部分の面積は500㎡以下です。

　Ⅰ型もⅡ型も、40℃以下で温度や湿度の変化が少なく、かつ、火災の際に著しく煙が充満することのない場所に設置します。

パッケージ型自動消火設備

　パッケージ型自動消火設備とは、火災による熱や煙を感知して、自動的に消火を行う消火設備です。パッケージ型自動消火設備には、作動装置、受信装置、加圧用ガス容器、消火剤貯蔵容器などが収納されています。また、パッケージ型自動消火設備は、屋内消火栓設備やス

プリンクラー設備の代替設備となります。

　パッケージ型自動消火設備には、一般用と倉庫用があります。

　一般用は、住居や娯楽などで使用される部屋や廊下で、人が常に出入りする場所に設置されます。倉庫用は、倉庫やリネン室など普段閉鎖されている場所で、人が常に出入りしない場所に設置されます。

　パッケージ型自動消火設備の同時放射区域（火災発生時に消火や延焼拡大防止のために同時に消火剤を放射して防護すべき区域のこと）は、壁や床などで区画されている居室などの部分ごとに設定しなければなりません。ただし、区画されている居室などの面積が13㎡を超えている場合は、同時放射区域を2つ以上に分割して設定できます。この場合、それぞれの同時放射区域の面積は13㎡以上とします。

　また、パッケージ型自動消火設備は、同時放射区域で発生した火災を有効に感知して、消火できるように設置しなければなりません。さらに、パッケージ型自動消火設備は、その防護面積が同時放射区域の面積以上になるように設置しなければなりません。

■ パッケージ型消火設備とパッケージ型自動消火設備 ⋯⋯⋯⋯⋯⋯

	パッケージ型消火設備	パッケージ型自動消火設備
形態	ホースを延長させ、ノズルから消火剤を放出する（人の手による）	自動的に火災で発生する熱を感知して、消火薬剤を放出する
構成	収納箱 ┌ ノズル │ ホース │ 消火剤貯蔵容器 │ 起動装置 └ 加圧用ガス容器　等	感知部　　放出口 収納箱 ┌ 消火剤貯蔵容器 │ 受信装置 │ 作動装置 └ 加圧用ガス容器　等
その他	屋内消火栓設備の代替設備として設置可能で、性能により、I型・II型という2種類に分けられる	屋内消火栓設備、スプリンクラー設備の代替設備として設置可能

自動火災報知設備

自動火災報知設備

　自動火災報知設備とは、熱、煙、炎を自動的に感知して火災の発生を早期に発見し、速やかな通報、避難、消火活動を可能とするための警報設備です。自動火災報知設備は、感知器、表示灯、中継器、受信機、発信機、地区音響装置などで構成されています。

　自動火災報知設備については誤報が問題になることもあります。自動火災報知設備の誤報には、火災が発生したにもかかわらず作動しない「失報」と、火災ではないにもかかわらず作動する「非火災報」があります。非火災報を防止するために、熱や煙を感知してもすぐには反応しない「蓄積機能」をもたせた感知器・受信機や、熱と煙を同時に感知しないと作動しない感知器・受信機などが利用されています。

受信機とは

　受信機とは、感知器や発信機からの火災信号などの信号を受け取り、赤色の表示灯を点灯させたり、音響装置を鳴動させたりして、建物の管理者や建物内の人、消火機関に火災の発生を知らせたり、火災発生の区域（警戒区域）を管理者などに表示したりする機器です。

　受信機が受信する信号には、①火災信号（火災発生を伝える信号）、②火災情報信号（火災によって発生した煙や熱の程度などの情報を伝える信号）、③火災表示信号（火災表示をする程度の温度に達したことなどを伝える信号）、④ガス漏れ信号（ガス漏れの発生を伝える信号）、⑤設備作動信号（消火設備、警報設備が作動したことなどを伝える信号）があります。

　受信機のおもな種類には、火災を報知する受信機として感知器や発信器からの信号を各感知器などの共通の信号として受け取るP型受信

機や、火災信号や火災情報信号などを固有の信号として受信して感知器や発信器ごとに異種の信号として受け取るＲ型受信機があります。

　その他、アナログ式受信機もありますが、これは火災情報信号を連続的に捉え、注意灯や注意音響装置によって異常の発生を伝え、地区表示装置により異常の発生した警戒区域を関係者に報知するものです。

　また、ガス漏れを伝える受信機として、Ｇ型受信機などがあります。

　さらに、２信号式受信機もあります。２信号式受信機とは、同じ警戒区域から異なる２つの火災信号を受信した場合、感知器からの第一報については、出火場所の表示を行い、受信機の音響装置を鳴動させます。そして、他の感知器からも火災信号を受信した場合（第二報）には、火災灯を点灯して地区音響装置を起動させ関係者に伝えます。

発信機

　発信機とは、手動により火災の発生を受信機に伝える機器です。発信機の種類として、押しボタンを押す方式で共通信号を発するＰ型発信機、非常電話型などの電話型で共通信号を発するＴ型発信機、手動により固有の火災信号を発するＭ型発信機があります。Ｐ型発信機には、電話連絡用の電話ジャックがついているものもあります。

　発信機は、建物のその階の各部分からいずれかの発信機までの歩行距離が50m以下になるように設置しなければなりません。床面からの高さは0.8m以上1.5m以下とします。また、すぐ近くに赤色の表示灯を設置しなければなりません。この表示灯は、取付面の15度以上の角度となる方向に沿って10m離れた位置から点灯していることが容易にわかるようにする必要があります。

地区音響装置

　地区音響装置とは、感知器や発信機の作動と連動して火災の発生を報知できるように設けられる機器です。地区ベルと呼ばれることもあ

り、ビル内の各所や各階など、一般の人々に火災の発生を知らせるために設けられたベルを指します。

地区音響装置は、各階ごとに、その階の各部分から一の地区音響装置までの水平距離が25m以下となるように設ける必要があります。

自動火災報知設備の警戒区域・設置基準

自動火災報知設備の警戒区域とは、火災の発生した区域を他の区域と区別して識別することができる最小単位の区域のことをいいます。警戒区域ごとに感知器の回線を別々にしておくことで、どの警戒区域の感知器が作動したのか判断できることになります。

一つの警戒区域は、原則として2つ以上の階にわたることができず、面積600㎡以下、一辺の長さ50m以下でなければなりません。

また、自動火災報知設備の設置基準については、防火対象物の用途によって、延べ面積に応じて詳細に定められています。

ただし、スプリンクラー設備、水噴霧消火設備、泡消火設備（いずれも閉鎖型スプリンクラーヘッドを備えているものに限る）を設置し

■ 地区音響装置の鳴動範囲 ···

出火階	地階	1階	2階以上
鳴動範囲	出火階 ＋ その直上の階 ＋ 出火階以外の地階 【例】 出火階：B1階 （地階3階の建物） ↓ 鳴動範囲： ⇒B1階＋1階 ＋B2階＋B3階	出火階 ＋ その直上の階 ＋ 地階 【例】 出火階：1階 （地階3階の建物） ↓ 鳴動範囲： ⇒1階＋2階＋B1階 ＋B2階＋B3階	出火階 ＋ その直上の階 【例】 出火階：6階 ↓ 鳴動範囲： ⇒6階＋7階

※表中の建物は地上5階以上で面積が3000㎡を超える防火対象物の建物を想定
　消防法施行規則24条5号ハを基に作成

たときは、それらの設備の有効範囲内の部分は、自動火災報知設備の設置義務が免除されます。ただし、消防法施行令別表第一（159ページ）の(1)～(4)、(5)イ、(6)、(9)イ、(16)、(16の2)、(16の3)に該当する防火対象物やその部分、または煙感知器などの設置が必要な階や部分は、設置義務が免除されません。

感知器

感知器とは、火災によって発生する熱、煙、炎から火災を感知し、火災の発生を早期に把握するための機器です。火災発生の情報を受信機などに送信します。たとえば、事務室や厨房、あるいは駐車場では感知すべき火災が違います。また、日常的に煙や熱が発生する室では用途に応じた感知器を設置していないと誤発報が起き、火災を正確に予想することはできません。そこで、設置場所に適した感知器を取り付ける必要があります。

感知器の種類としては、熱（温度やその上昇率）を感知して作動する「熱感知器」、煙を感知して作動する「煙感知器」、炎の紫外線や赤外線を感知して作動する「炎感知器」があります。

熱感知器には、温度上昇率が一定以上になると作動する「差動式感知器」と、温度が一定以上になると作動する「定温式感知器」があります。3種類の中で最も安価で一般的に用いられます。このうち定温式感知器には、外観が電線状である「感知線型」と、外観が電線状以外である「スポット型」があります。また、差動式感知器と定温式感知器の双方の性能を併せもち、火災信号を1つだけ発信する感知器のことを「補償式感知器」といいます。

煙感知器には、煙の濃度が一定以上になったときに、光量の変化を検出する「光電式感知器」があります。火災時には煙が真っ先に発生するため、最も感知精度が高いのですが、たばこや粉じんなどの影響を受けやすいという欠点もあります。

なお、他には「イオン化式感知器」もあり、過去は主流でしたが、放射性物質を使うため、現在は原則として使われなくなりました。

　炎感知器には、火災の炎から放射される紫外線量の変化を感知する「紫外線式感知器」と、火災の炎から放射される赤外線量の変化を感知する「赤外線式感知器」があります。映画館やホールなどの天井の高いスペースでは、煙や熱が天井に到達するまで時間がかかるため、実際の火炎を検知する必要がある場合に炎感知器が用いられます。

　感知器については、感知する範囲によって、局所的な熱の変化や煙により作動する「スポット型」と、広い範囲の熱変化や煙により作動する「分布型」や「分離型」に分けられます。

　また、煙を感知する時間に応じて、蓄積機能を有する「蓄積型」の感知器と、蓄積機能を有しない「非蓄積型」という感知器の区分もあります。

　さらに、感知器の種類ごとに、感知器の感度に応じて「１種」「２種」「３種」「特種」などの区分があるものもあります。

　その他、温度や煙濃度が一定の範囲内になったときに、連続的に変化する温度や煙濃度をモニターして、その温度・煙濃度に対応する火災情報信号を送信できる感知器を「アナログ式感知器」といいます。

熱感知器の作動原理

　各種の熱感知器の作動原理は以下のとおりです。

・差動式スポット型感知器

　火災の熱で周囲の温度上昇率が一定以上になると、空気が入っている感知器内の容器が膨張し、その容器を覆う薄膜がスイッチの接点を押すことにより作動します。通常の温度変化であれば、細い穴を通じて空気が出入りするので、容器は膨張せず感知器は作動しません。

・差動式分布型感知器

　①空気管式、②熱電対式、③熱半導体式があります。「空気管式」

は、天井に張った空気管内の空気の熱膨張により管の薄膜がスイッチの接点を押します。「熱電対式」は、2種類の異なる金属を両端で接続して熱電対と呼ばれる回路を作ると、2つの接点で温度が異なったときに回路に電流（熱電流）が生じますが、その熱電流を検知する方式です。「熱半導体式」は、温度変化により電気抵抗が変化する熱半導体を用い、温度上昇率が一定以上になると熱電流が生じます。

・定温式感知線型感知器

電線状の外観の中に、絶縁物で包まれたピアノ線が2本入っています。火災の熱により絶縁物が溶け、2本のピアノ線が接触することでスイッチが入ります。

・定温式スポット型感知器

熱膨張率が異なる2種類の金属を張り合わせた材料（バイメタル）を用います。熱膨張力が異なるために、火災の熱で2種類の金属の膨張度合いが異なり、材料は一方に曲がります。その湾曲によって機械的にスイッチの接点が閉じて作動します。

・補償式スポット型感知器

差動式スポット型感知器の性能と定温式スポット型感知器の性能を併せもつもので、1つの火災信号を発信します。

なお、差動式スポット型感知器の性能と定温式スポット型感知器の性能を併せもつもので、2つ以上の火災信号を発信するのは「熱複合式スポット型感知器」です。

煙感知器の作動原理

各種の煙感知器の作動原理は以下のとおりです。なお、スポット型の熱感知器と煙感知器を組み合わせたものとして「熱煙複合式スポット型感知器」もあります。

・光電式スポット型感知器

感知器内に煙が入ると、感知器内の光源による光が散乱を受け、そ

の散乱光を検出するか、あるいは、もともとの光の強さが減少したことを検知し、スイッチを入れます。

・光電式分離型感知器

送光部と受光部が5～100m離れており、送光部から受光部に送られた光が煙により減光されるのを検知し、スイッチを入れます。

炎感知器の作動原理

各種の炎感知器の作動原理は以下のとおりです。

・紫外線式スポット型感知器

火災の炎から放射される紫外線量の変化を検知して、スイッチを入れます。

・赤外線式スポット型感知器

火災の炎から放射される赤外線量の変化を検知して、スイッチを入れます。なお、「紫外線赤外線併用式スポット型感知器」は紫外線と赤外線の量の変化を検知して、スイッチを入れます。

設置場所

感知器は点検などの維持管理ができる場所に設置します。具体的には、取付け面（感知器を取り付ける天井などの面）の高さが20m以上の場所（炎感知器を除く）や、天井裏で天井と上階の床との間の距離が50cm未満の場所には、感知器を設置しません。

■ 熱感知器（スポット型）を設置する位置 ……………………………………

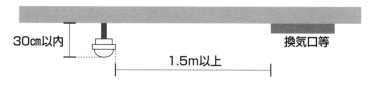

30cm以内　　　　　　　　換気口等

1.5m以上

さらに、煙感知器と熱煙複合式スポット型感知器は、ⓐ塵埃（じんあい）、微粉、水蒸気が多量に滞留する場所、ⓑ腐食性ガスが発生する可能性のある場所、ⓒ厨房など正常時に煙が滞留する場所、ⓓ著しく高温となる場所などにも設置しません。炎感知器は、上記のⓑⓒⓓの場所や、ⓔ水蒸気が多量に滞留する場所などにも設置しません。

　これに対し、特定の種類の感知器を設置すべき場所として、たとえば、階段・傾斜路や、エレベーターの昇降路・パイプダクトなどの場所には、煙感知器を設置しなければなりません。

　また、感知器は、取付け面の高さごとに、設置可能な感知器の種類が定められています。たとえば、取付け面の高さが4m未満の場所には、差動式スポット型、差動式分布型、補償式スポット型、定温式、イオン化式スポット型、光電式スポット型のいずれかの感知器が設置可能です。

■ **熱感知器（スポット型）の感知面積** ……………………………………

取付け面の高さ		感知器の種類						
		差動式スポット型		補償式スポット型		定温式スポット型		
		1種	2種	1種	2種	特種	1種	2種
4m未満	主要構造部が耐火構造の防火対象物	90㎡	70㎡	90㎡	70㎡	70㎡	60㎡	20㎡
	その他の構造の防火対象物	50㎡	40㎡	50㎡	40㎡	40㎡	30㎡	15㎡
4m以上8m未満	主要構造部が耐火構造の防火対象物	45㎡	35㎡	45㎡	35㎡	35㎡	30㎡	
	その他の構造の防火対象物	30㎡	25㎡	30㎡	25㎡	25㎡	15㎡	

※消防法施行規則23条4項3号を基に作成

熱感知器の設置方法

　熱感知器の中には、差動式、定温式、補償式その他の熱複合式のスポット型感知器がありますが、これらの熱感知器については、感知器の下端が取付け面の下方30cm以内の位置になるように設置しなければなりません。また、換気口などの空気吹出口から1.5m以上離れた位置に設置しなければなりません。

　感知器の必要設置個数については、感知区域（それぞれ壁や取付け面から40cm（差動式分布型感知器と煙感知器の場合は60cm）以上突出したはり等によって区画された部分）ごとに、その面積を1個の感知器が感知できる面積（感知面積）で除した数によって求めることができます。たとえば、主要構造部を耐火構造とした防火対象物やその部分で、高さが4m未満で、差動式スポット型感知器（1種）の場合は、感知面積90㎡につき1個以上必要です（前ページ図参照）。感知面積については、感知器の種別や取付け面の高さ、耐火構造であるかどうかに応じて定められています。

煙感知機の設置方法

　煙感知器の設置については、スポット型の場合で、以下のように規定されています。まず、天井が低い居室や狭い居室では、出入口付近に設置します。

■ 煙感知器を設置する位置 ……………………………………………

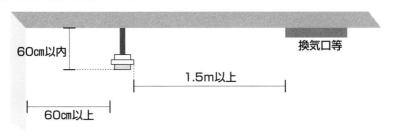

60cm以内
換気口等
1.5m以上
60cm以上

次に、天井付近に吸気口のある居室では、その吸気口付近に設置するとともに、換気口などの空気吹出口から1.5m以上離れた位置で、壁やはりから60cm以上離れた位置に設置し、感知器の下端が取付け面の下方60cm以内になるようにします（前ページ図）。

また、廊下・通路では、歩行距離30m（3種の場合は20m）につき1個以上、階段・傾斜路では、垂直距離15m（3種の場合は10m）につき1個以上、それぞれ設置しなければなりません。

それ以外の場所では、感知区域ごとに、取付け面の高さが4m未満の場合は床面積150㎡（3種では50㎡）につき1個以上、取付け面の高さが4m以上20m未満の場合は床面積75㎡（3種は認められていません）につき1個以上、それぞれ設置しなければなりません。

炎感知器の設置方法

炎感知器は、天井等または壁に設置するとともに、感知障害が生じないように遮光板等を設置した場合を除き、日光を受けない位置に設置します。また、壁によって区画された区域ごとに、その区域の床面から高さ1.2mまでの空間（監視空間）の各部分から感知器までの距離が公称監視距離の範囲内となるように設置します。

なお、道路に用いられている部分に設置される炎感知器については別途規定されており、道路の側壁部または路端の上方に、道路面からの高さが1m以上1.5m以下の部分に設置します。

その他の感知器の設置方法

差動式分布型感知器や光電式分離型感知器は、部屋全体に設置することになるので、その観点で細部の規定が設けられています。

たとえば、差動式分布型感知器（空気管式のもの）の場合、その露出部分は、感知区域ごとに20m以上になるようにすることなどが規定されています。また、光電式分離型感知器の場合は、感知器の光軸

（感知器の送光面の中心と受光面の中心とを結ぶ線）が並行する壁から60cm以上離れた位置で、壁によって区画された区域の各部分から光軸の1つまでの水平距離が7m以下となるように設置することなどが規定されています。

住宅用防災警報器

平成16年（2004年）に消防法が改正され、住宅用防災機器（住宅用防災警報器または住宅用防災報知設備）の設置が義務付けられました。住宅火災による死者数の半数以上は65歳以上の高齢者です。高齢化がさらに進み、住宅火災による死者が増加することを抑制するために義務付けられました。なお、設置していなくても罰則規定はありません。

住宅用防災警報器は、通常、感知部と警報部が1つの機器の内部に含まれており、受信機への配線が不要で、機器本体を天井や壁に設置するだけで機能します。煙や熱を感知すると、音により警報を発して火災の発生を知らせます。住宅用防災警報器の電源は、電池を使うタイプと、家庭用電源を利用し、コンセントに差し込むタイプがありま

■ 住宅用防災警報器を設置する場合 ……………………………………

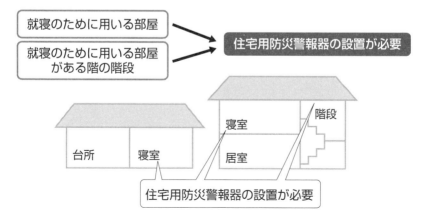

す。また、原則として煙感知器を天井または壁に取り付けます。キッチンや車庫などは熱感知器でもかまいません。

住宅用防災機器の設置・維持

　住宅用防災機器の設置と維持に関する基準は、消防法施行令5条の7および総務省令で定める基準に従って、各市町村の条例で定めることになっています。

　消防法施行令5条の7では、住宅用防災機器の設置と維持に関する基準について、以下のように規定しています。

　住宅用防災警報器または住宅用防災報知設備の感知器は、住宅の天井または壁の屋内に面する部分に設置します。その設置場所については、主として、①寝室、②寝室が存在する階（1階の場合を除く）から直下階に通じる階段（屋外階段を除く）、③3階以上の寝室が存在する階の2階下である階に直上階から通じる階段の下端（その階段の上端に住宅用防災警報器または住宅用防災報知設備の感知器が設置されている場合は除く）、④寝室が1階のみに存在する場合で、居室が存在する最上階（3階以上に限る）から直下階に通じる階段の上端に設置義務があります。

　そして、以上の①〜④の住宅用防災警報器または住宅用防災報知設備の感知器が設置される階以外の階のうち、床面積が7㎡以上である居室が5室以上存在する階には、廊下に設置するか、もしくは廊下が存在しない場合は、その階から直下階に通じる階段の上端に住宅用防災機器を設置しなければなりません。

　なお、廊下も直下階も存在しない場合は、その階の直上階からその階に通じる階段の下端に住宅用防災機器を設置する必要があります。

ガス漏れ火災警報設備

ガス漏れ火災警報設備

　ガス漏れ火災警報設備とは、燃料用ガスが漏れた場合のガス漏れや、自然発生した可燃性ガスを早期に検知し、火災やガス爆発を防止するための警報設備です。検知器がガスを検知してから受信機が警告の表示を行うまでの時間を遅延時間といいますが、ガス漏れ火災警報設備の標準遅延時間は、原則として60秒以内でなければなりません。

　ガス漏れ火災警報設備は、ガス漏れ検知器、中継器、受信機、警報装置などで構成されています。

　ガス漏れ検知器は一定濃度に達したガスを検知し、中継器もしくは受信機にガス漏れ信号を送信します。中継器はガス漏れ検知器からのガス漏れ信号を受けて、受信機などにその情報を送ります。受信機は防災センターなどに設置するもので、ガス漏れ信号を受信し、ガス漏れの発生を防火対象物の担当者などに知らせます。警報装置には、音声警報装置、ガス漏れ表示灯、検知区域警報装置があります。

ガス漏れ検知器の設置場所

　ガス漏れ検知器は、天井の室内に面する部分または壁面の点検に便利な場所に設置します。ただし、出入口の付近で外部の気流がひんぱんに流通する場所、換気口の空気の吹出口から1.5m以内の場所、ガス燃焼機器の廃ガスに触れやすい場所には設置してはいけません。

　検知対象となるガスの比重に応じて、ガス漏れ検知器の設置場所の関する規定が異なります。

① **空気に対する比重が１未満の場合（都市ガスなど）**

　ガス燃焼機器または外壁のガス供給管の貫通部から水平距離で８m以内の位置に設置します。ただし、天井面等が60cm以上突出したは

り等によって区画されている場合は、そのはり等よりもガス燃焼機器側または貫通部側に設置しなければなりません。

ガス燃焼機器が使用される部屋の天井面等の付近に吸気口がある場合は、ガス燃焼機器から最も近い吸気口の付近に設置します。ただし、ガス燃焼機器または貫通部との間の天井面等が60cm以上突出したはり等によって区画されている吸気口は除きます。

検知器の下端は、天井面等の下方30cm以内の位置に設置します。

② 空気に対する比重が1を超える場合（プロパンガスなど）

ガス燃焼機器または貫通部から水平距離で4m以内の位置に設置します。検知器の上端は、床面の上方30cm以内の位置に設置します。

警戒区域

ガス漏れ火災警報設備の警戒区域とは、ガス漏れが発生した区域を他の区域と区別して識別することができる最小単位の区域のことをいいます。警戒区域ごとに検知器の回線を別々にしておくことで、どの警戒区域の検知器が作動したのか判断できることになります。

警戒区域は、原則として2つ以上の階にわたらないようにし、1つの警戒区域の面積が600㎡以下でなければなりません。

■ 都市ガスとプロパンガス

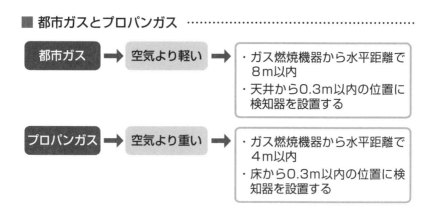

都市ガス ➡ 空気より軽い ➡ ・ガス燃焼機器から水平距離で8m以内
・天井から0.3m以内の位置に検知器を設置する

プロパンガス ➡ 空気より重い ➡ ・ガス燃焼機器から水平距離で4m以内
・床から0.3m以内の位置に検知器を設置する

設置基準

ガス漏れ火災警報設備に関する基準については、消防法施行令21条の2に記載されており、防火対象物の延べ面積や床面積がガス漏れ火災警報設備を設置する基準の目安になります。

たとえば、消防法施行令別表第一（159ページ）の(1)〜(4)、(5)イ、(6)、(9)イに該当する防火対象物の地階で、その床面積の合計が1,000㎡以上の場合に、ガス漏れ火災警報設備が必要となります。(16)イについては、複合用途防火対象物（その一部に(1)〜(4)、(5)イ、(6)、(9)イの特定用途部分を含むもの）の地階で、その床面積の合計が1,000㎡以上で、上記の特定用途部分の床面積の合計が500㎡以上の場合に、ガス漏れ火災警報設備の設置が必要となります。

ガス漏れ火災警報設備の設置が必要な防火対象物は、おもに地階に限定されています。これは、地下空間は密閉性が高いためガスが滞留しやすいこと、そして、ガスが爆発した場合に圧力が抜けにくいために被害が甚大になるおそれが高いにもかかわらず消防活動が困難であることが考慮されているからです。

設置が免除される場合

防火対象物やその部分が前述した設置基準に該当していても、その内部で燃料用ガスが使用されない場合は、ガス漏れ火災警報設備の設置義務は免除されます。ただし、可燃性ガスが自然発生するおそれがあるとして消防長または消防署長がその防火対象物やその部分を指定している場合は、設置義務は免除されません。

漏電火災警報器

漏電火災警報器

　木造建築物には、防火構造にするため、壁、床、天井などの下地にラス（鉄網）を使用しているものがあります。ラスには、針金を編んで作った金網であるワイヤラスなどがあります。しかし、ラスの壁などを貫通するように電線を引き込んでいる部分では、電線を流れる電流がラスに漏電（電線から電流が漏れ流れること）して、そのラスが過熱することにより火災が発生することがあります。漏電火災警報器は、このラスに漏電した電流を感知して、防火対象物の担当者等に報知する警報設備です。

　従来の漏電火災警報器は、1級漏電火災警報器と2級漏電火災警報器にクラス分けされていました。しかし、平成25年（2013年）の消防法施行令の改正に伴い、漏電火災警報器に係る技術上の規格を定める省令も改正され、漏電火災警報器が検定品から自主表示品に変わり、1級・2級の区別はなくなりました。また、省令の改正で、遮断機構に関する規定の削除や、変流器の種別の簡素化という改正も行われました。

　漏電火災警報器は、変流器、受信機、音響装置、配線などによって構成されています。変流器が漏電電流を感知し、受信機は変流器からの信号を受信して音響装置を作動させ、その音響装置が警報音を発します。漏電電流を感知した時点で、すぐに電気回路を遮断してしまう構成のものもあります。

設置基準

　漏電火災警報器は、ラス入りの壁、床、天井を有する防火対象物に設置しなければなりません。ただし、壁の間柱や下地、床の根太や下

地、天井の野縁や下地を不燃材料または準不燃材料（一定の基準を満たす不燃性のある建築材料）で造った場合は、漏電火災警報器の設置が不要です。

　漏電火災警報器の設置基準について概要を示すと、おもに延べ面積による一般基準と、契約電流による容量基準とに分類できます。

　まず、防火対象物の延べ面積が、それぞれに定められた数値以上である場合は、原則として、延べ面積による一般基準により、漏電火災警報器を設置しなければなりません。次に、消防法施行令別表第一（159ページ）の(1)～(6)、(15)、(16)に該当する防火対象物のうち、契約電流が50Aを超える場合は、原則として、契約電流による容量基準により、延べ面積に関係なく漏電火災警報器を設置しなければなりません。

変流器

　変流器は、漏電電流を感知する機器です。中心に穴の開いた環状の機器で、鉄製の環にコイルを巻いており、機器の中心の穴に引込線を通します。原則として、外壁より外側の引込線に設置します。漏電電流があると、コイルに電流が発生し、それを信号として受信機に送ります。変流器は、漏れ出た電流による不平衡電流を感知するために設置するので、警戒する電路の定格電流値以上の電流値を検知する性能が必要です。

音響装置

　音響装置には、受信機に内蔵するタイプと、受信機の外部に設置するタイプがあります。ブザーを使用するものが多く見られます。音響装置は、防災センター等（常時人のいる場所）に設置しなければなりません。また、音響装置の音圧や音色は、他の警報音や騒音と明らかに区別して聞き取ることができるようにしなければなりません。

消防機関へ通報する火災報知設備

消防機関へ通報する火災報知設備

　消防機関へ通報する火災報知設備とは、火災が発生したときに防火対象物の利用者ではなく、直接消防機関に火災の発生を通報する電話回線もしくは直通回線による警報設備のことです。

　電話回線によるものは「火災通報装置」と呼ばれます。一方、直通回線によるものは狭義の「火災報知設備」になります。

・**火災通報装置**

　火災通報装置は、火災通報専用の押しボタンを押すと、電話回線を利用して消防機関を呼びだし、あらかじめ録音してある蓄積音声情報でその防火対象物の名前や住所などを消防機関に伝達することができる装置であり、防災センター等（常時人のいる場所）に設置します。

　なお、老人ホームや障害児入所施設など、避難が困難な高齢者や障害者の入居・入所施設では、自動火災報知設備の感知器の作動と連動して、自動的に消防機関へ通報するしくみがとられています。

・**火災報知設備（火災通報装置を除く）**

　狭義の火災報知設備は、その防火対象物と消防機関とを直通の専用回線で結び、火災の発生を消防機関に通報する警報設備です。防火対象物のM型発信機と、消防機関のM型受信機とを直接結んでいるので、防火対象物のM型発信機のボタンを押せば、消防機関はどの防火対象物で火災が発生しているのか直ちに把握できることになります。

　なお、現在では、M型発信機、M型受信機はほとんど製造されていないため、一般的には火災通報装置が設置されます。

消防機関へ通報する火災報知設備の設置基準

　消防機関へ通報する火災報知設備の設置基準は、防火対象物の種類

ごとに、建物の延べ面積により定められています。

① 消防法施行令別表第一（159ページ）の(1)、(2)、(4)、(5)イ、(6)イ・ハ・ニ、(12)、(17)に該当する防火対象物は、延べ面積が500㎡以上の場合に、消防機関へ通報する火災報知設備の設置義務があります。

② (3)、(5)ロ、(7)～(11)、(13)～(15)に該当する防火対象物は、延べ面積が1000㎡以上の場合に、設置義務があります。

③ (6)ロ、(16の2)、(16の3)に該当する防火対象物は、そのすべてが設置義務の対象になります。

設置が免除される場合

以下のいずれかに該当する場合に設置義務が免除されます。

① その防火対象物が消防機関から著しく離れた場所にある場合

② 消防機関からの歩行距離が500m以下である場合

③ その防火対象物に消防機関へ常時通報することができる電話を設置した場合（ただし、消防法施行令別表第1の(5)イと(6)イ～ハに該当する防火対象物は除きます）

実際には、③の免除規定があるので、現在では、(5)イと(6)イ～ハの防火対象物を除き、設置義務は実質的になくなっています。

■ 火災通報装置のしくみ ……………………………………………

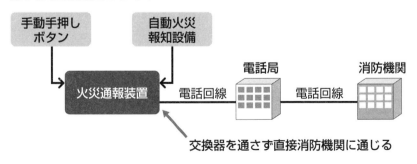

非常警報器具・非常警報設備

　非常警報器具は、火災発生時に建物内の人に警報音（ベルやサイレン）や音声で火災の発生を伝えるための警報設備のうち、持ち運び可能なものです。携帯用拡声器、警鐘、手動式サイレンなどがあります。

　非常警報設備は、火災発生時に建物内の人に警報音や音声で火災の発生を伝えるための警報設備のうち、建物に固定されているものです。非常ベル、自動式サイレン、放送設備があります。

・非常ベル

　押しボタン（起動装置）を押すことで、ベル（音響装置）が鳴り響き、火災の発生を建物内の人に伝える非常警報設備です。

・自動式サイレン

　押しボタン（起動装置）を押すことで、火災の発生を建物内の人に伝える非常警報設備です。非常ベルとの違いは、音響装置としてベルではなくサイレンを用いることです。

非常ベル・自動式サイレンの起動装置や表示灯など

　非常ベルと自動式サイレンの起動装置や表示灯などの基準については、消防法施行規則25条の2に規定が置かれています。

　たとえば、音響装置の音圧は、音響装置の中心から1m離れた位置において90dB以上でなければなりません。また、音響装置の設置場所については、各階ごとに、その階の各部分から1つの音響装置までの水平距離が25m以下になるように設置しなければなりません。音響装置の音色については、室内に他の音が鳴っていても、明らかに区別して聞きとることができる音色にしなければなりません。

　起動装置については、各階ごとに、その階の各部分から1つの起動

装置までの歩行距離が50m以下となるように設置しなければならず、かつ、床面からの高さが0.8m以上1.5m以下になるように設置しなければなりません。そして、起動装置の直近の箇所には、赤色の表示灯を置かなければなりません。

設置基準と免除

　非常警報器具・非常警報設備の設置基準は、防火対象物の種類ごとに規定されており、大きく@非常ベル、自動式サイレン、放送設備のいずれかを設置する義務がある場合、ⓑ非常ベルと放送設備を設置するか、または自動式サイレンと放送設備を設置する義務がある場合、ⓒ非常警報器具を設置する義務がある場合、という３つのパターンに分けることができます（消防法施行令24条）。

　ただし、設置が免除されるケースもあります。たとえば、上記のう

■ ベル・サイレンの鳴動範囲 ………………………………………………

出火階	地階	１階	２階以上
建物の階数	地上５階／地下３階	地上５階／地下２階	地上５階
鳴動範囲	出火階 ＋ その直上の１階 ＋ 出火階以外の地階 【例】 出火階：B2階 ⬇ 鳴動範囲： ⇒B2階＋B1階 ＋B3階	出火階 ＋ その直上の１階 ＋ 地階 【例】 出火階：１階 ⬇ 鳴動範囲： ⇒１階＋２階＋ 　B1階＋B2階	出火階 ＋ その直上の１階 【例】 出火階：４階 ⬇ 鳴動範囲： ⇒４階＋５階

※表中の建物は地上５階以上で延べ面積が3000㎡を超える防火対象物の建物を想定
　消防法施行規則25条の2第2項1号ロを基に作成

ちⓑの設置義務がある防火対象物に自動火災報知設備が設置されている場合や、放送設備に非常ベルや自動式サイレンと同等以上の音響を発する装置が付属されている場合は、それらの有効範囲内の部分について非常ベルや自動式サイレンの設置義務が免除されます。

　また、上記のうちⓐの設置義務がある防火対象物に自動火災報知設備が設置されていれば、その有効範囲内の部分について非常警報装置の設置が免除されます。さらに、上記のうちⓒの設置義務がある防火対象物に自動火災報知設備あるいは非常警報設備が設置されていれば、それらの設備の有効範囲内の部分について非常警報器具の設置義務が免除されます。

非常放送設備

　非常放送設備は、火災発生時に速やかに建物内の人に火災の発生を伝えるための警報設備です。非常警報設備の一種です。押しボタン（起動装置）を押すことで、あらかじめ録音しておいた非常用音声などを建物内に放送することになります。また、自動火災報知設備と連動して、自動火災報知設備の感知器が火災の発生を感知したら自動的に起動するタイプのものもあります。

　非常放送設備は、起動装置、操作部、増幅器、スピーカー、表示灯などにより構成されます。操作部を操作することで非常放送設備を作動させますが、遠隔操作器を有し、遠隔操作器を通じて遠隔操作により作動させることができるタイプのものもあります。

　操作部と遠隔操作器の操作スイッチは、床面からの高さが0.8m（いすに座って操作するものの場合は0.6m）以上1.5m以下でなければなりません。操作部と遠隔操作器は、起動装置や自動火災報知設備が作動した階または区域を表示できるものでなければなりません。

非常放送の内容

　非常放送の内容は、注意喚起のためのシグナル音に引き続いて、非常用音声を流し、そのサイクルを連続して2回以上繰り返します。非常用音声には、①感知器発報放送、②火災放送、③非火災放送、の3種類があります。

　①感知器発報放送は、火災の発生を感知するなどした場合に、最初に放送される非常用音声です。シグナル音と音声で、感知器で火災の発生を感知したことを伝えます。

　②火災放送は、実際に火災が確認された場合や、2つ以上の感知器が感知した場合などに、放送される非常用音声です。シグナル音と音声で、火災の発生を確認したことと、避難の指示を伝えます。放送は10分間以上繰り返し、シグナル音も2種類になります。

　③非火災放送は、実際には火災は発生していなかったことを確認した場合に、放送される非常用音声です。シグナル音と音声で火災の発生が誤報であったことを伝えます。

スピーカー

　スピーカーは、その設置した位置から1m離れた箇所での音圧の大きさに応じて、L級、M級、S級に分けられます。スピーカーから1

■ 非常放送設備が起動する場合 ……………………………………………

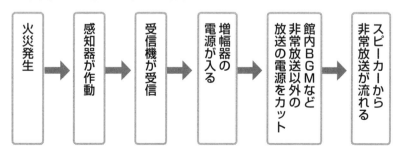

火災発生　→　感知器が作動　→　受信機が受信　→　増幅器の電源が入る　→　館内BGMなど非常放送以外の放送の電源をカット　→　スピーカーから非常放送が流れる

m離れた位置での音圧が、Ｌ級は92dB以上のもの、Ｍ級は87dB以上92dB未満のもの、Ｓ級は84dB以上87dB未満のものです。

　そして、階段や傾斜路以外の場所に設置する場合は、放送区域（防火対象物の２以上の階にわたらず、かつ、床、壁、戸で区画された部分のこと）が100㎡超の場合はＬ級のもの、50㎡超100㎡以下の場合はＬ級かＭ級のもの、50㎡以下の場合はＬ級かＭ級かＳ級のものを設置します。また、原則として、放送区域ごとに、その放送区域内の各部分からいずれかのスピーカーまでの水平距離が10m以下となるように設置します。その際、音圧レベルが、床面からの高さが１mの位置で75dB以上となるように設置します。

　これに対し、階段や傾斜路に設置する場合は、Ｌ級のものを垂直距離15mにつき１個以上設置しなければなりません。

■ スピーカーを設置する位置 ……………………………………………

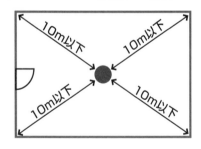
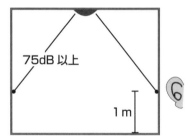

消防用水

消防用水

消火用水は、消防用水、消防水利、指定消防水利の３つに分けることができます。

消防用水は、おもに大規模な建築物や高層建築物での延焼を防止するために、消防隊が消火活動の際に利用します。消防用水の水源としては、防火水槽、池、プールなどが用いられます。

消防水利は、自治体が設置と維持管理をしており、水道管が利用され、適当な長さごとに消火栓が設置されています。消火栓には、地上に出ているもの（地上式）と、道路の埋設ボックスの中にあるもの（地下式）の２種類があります。

指定消防水利は、消防水利が不足している場合に、私有の池、井戸、水槽などを、所有者の承諾を得て消防水利として指定するものです。

消防用水の設置義務がある建物（建築物）は、以下のとおりです。

建物の構造に基づく設置義務としては、防火対象物の種類が消防法施行令別表第一（159ページ）の(1)～(15)、(17)、(18)の場合は、敷地面積が20000㎡以上で、建物の１階と２階の床面積（平屋建では１階の床面積）の合計が、①準耐火建築物のときは10000㎡以上の場合、②耐火建築物のときは15000㎡以上の場合、③それ以外の建物のときは5000㎡以上の場合に、消防用水を設置しなければなりません。

建物の構造に基づく設置義務以外にも、消防用水の設置義務が生じる場合があります。まず、建物の高さが31ｍを超え、かつ、その延べ面積（地階を除く）が25000㎡以上の場合は、消防用水を設置しなければなりません。

また、防火対象物の種類が消防法施行令別表第１の(1)～(15)、(17)、(18)の場合において、敷地面積が20000㎡以上で、かつ、同じ敷地内に複

数の建物（高さ31mを超え、かつ、延べ面積25000㎡以上の建物を除く）があって、建物相互の外壁間の中心線からの水平距離が1階は3m以下、2階は5m以下の部分があり、これら建物の床面積の合計を一定の数値（耐火建築物であれば15000㎡、準耐火建築物であれば10000㎡、それ以外の建物であれば5000㎡）で割った値の和が1以上になる場合も、消防用水を設置しなければなりません。

水量

有効水量とは、防火水槽、池やプールなどの水源の水量のうち、有効に利用できる水量のことです。消防用水の有効水量は、地盤面下にある場合には、地盤面下4.5m以内にある水量になります。そして、敷地面積20000㎡以上の建物（建築物）はその床面積に応じて、高さ31m超かつ延べ面積25000㎡以上の建物はその延べ面積に応じて、それぞれ次のように規定されています。

まず、床面積の合計が15000㎡以上の耐火建築物の有効水量は、その床面積について7500㎡またはその端数ごとに20㎡を乗じた量以上とされています。また、床面積の合計が10000㎡以上の準耐火建築物の有効水量は、その床面積について5000㎡またはその端数ごとに20㎡を乗じた量以上とされています。さらに、その他の建物の場合は、その床面積の合計が5000㎡以上であれば、有効水量はその床面積について2500㎡またはその端数ごとに20㎡を乗じた量以上とされています。

建物の構造以外でも、高さが31mを超え、かつ、延べ面積（地階を除く）が25000㎡以上の建物の場合、有効水量は延べ面積12500㎡またはその端数ごとに20㎡を乗じた量以上とされています。

なお、以上の計算において1未満の端数は切り上げとなります。

排煙設備

排煙設備

　排煙設備とは、火災により生じる煙を外部に排出するための設備です。火災により発生する煙は、それ自体が有毒であり、また高温で人間の視界をさえぎるので、避難や消火に障害が生じます。そのため、火災の際に生じる煙を排出し、消火活動が円滑に行えるようにするために、排煙設備が設置されます。排煙設備は、高温の煙が充満することで急激に炎が燃え広がるフラッシュオーバー現象の防止や、酸欠や有毒ガスの充満を防止することで、人命を保護する目的で設置されます。高温の煙が通過するので、排煙口など煙と接する部分については、不燃材料を用いなければならないという制約があります。

　排煙設備には、自然排煙と機械排煙の2種類があります。

　自然排煙設備は、煙の浮力を利用して外壁面に設けた開口部から直接に煙を排出します。機械排煙と比べて大がかりな設備が不要なためにコストを低く抑えることができます。また、電源が不要なので、停電になったとしても排煙設備として機能します。ただし、室外の風の影響を受けやすく、室内外の温度差にも影響を受けるので、安定して設備の性能を発揮することができない、開口部から上階への延焼の危険があるといった欠点があります。

　機械排煙設備は、発生した煙を機械の力で吸引して、それを外部に排出します。外気に面していない部屋にも設置することができ、排煙風量をコントロールして安定した性能を確保することができます。

　ただし、排煙機、発電機を含む非常用電源、排煙ダクトなどさまざまな設備が必要なので、設備のシステムが複雑になり、コストがかかるという欠点があります。

　なお、消防法だけではなく建築基準法でも排煙設備についての規制

が行われており、多くの点では2つの法律の間の規制は共通しています。ただし、消防法では消火活動拠点の風道には自動閉鎖装置のあるダンパーの設置を禁止するなど、いくつかの点で違いがあります。

これは建築基準法の排煙設備は在館者の避難を目的にしているのに対して、消防法の排煙設備は避難に加え、消防隊の消火活動が安全かつ円滑に行う目的も持っているためです。

排煙設備の設置義務がある防火対象物は、以下のとおりです。

① 消防法施行令別表第一（159ページ）の(1)に掲げる防火対象物（劇場、集会場）で、舞台部の床面積が500㎡以上の場合

② 消防法施行令別表第一の(2)に掲げる防火対象物（キャバレー、遊技場、カラオケボックスなど）で、地階または無窓階の床面積が1000㎡以上の場合

③ 消防法施行令別表第一の(4)に掲げる防火対象物（百貨店など）で、地階または無窓階の床面積が1000㎡以上の場合

④ 消防法施行令別表第一の(10)に掲げる防火対象物（車両停車場など）で、地階または無窓階の床面積が1000㎡以上の場合

⑤ 消防法施行令別表第一の(13)に掲げる防火対象物（車庫、特殊格納庫など）で、地階または無窓階の床面積が1000㎡以上の場合

⑥ 消防法施行令別表第一の（16の2）に掲げる防火対象物（地下街）で、延べ面積が1000㎡以上の場合

ただし、駐車場やボイラー室などで固定式の特殊消火設備を設置している場合や、消防隊の消火活動上支障が生じるおそれがないとして消防庁長官が定める部分については、排煙設備を設置する必要がありません。

防煙区画と排煙口

煙の広がりを防止するため、床面積500㎡以下ごとに防煙垂れ壁などの防煙壁で区画することを防煙区画といいます。防煙壁は天井面から下に50cm以上突き出し、不燃材料を用いて設置します。

防煙区画ごとに煙を排出するための排煙口を設置し、有効に排煙するための給気口も必要になります。

　防煙区画の各部分から最も近い排煙口までの水平距離が30m以下になるようにします。また、排煙口は天井か壁に設置します。

　給気口は、直接外気に接しているか、給気用風道に接続させて、取り付けの高さは床から天井までの距離の2分の1未満とします。

起動装置

　排煙の起動装置には、手動起動装置と自動起動装置の2種類があります。起動装置は原則として手動式とし、自動起動装置を設置した場合でも、あわせて手動起動装置を設置しなければなりません。

　手動起動装置は防煙区画ごとに設置します。防煙区画内を見通すことができ、火災時でも簡単に接近することができる場所に設置しなければなりません。また、自動起動装置は、自動火災報知設置の感知器の作動や、閉鎖型スプリンクラーヘッドの開放などと連動して起動するようにする必要があります。

■ 消防法と建築基準法の違い ……………………………………………

	消防法	建築基準法
排煙設備が必要な場合	・劇場などの舞台部の床面積が500㎡以上の場合 ・地下街の延べ面積が1000㎡以上の場合 ・百貨店の地階か無窓階の床面積が1000㎡以上の場合　　　　　　　　　　　　　　　　　　　　　　　　　　　　　　など	・3階以上の建物で、延べ面積が500㎡を超える場合 ・延べ面積が1000㎡を超える建物の居室で、その床面積が200㎡を超える場合　　　　　　　　　　　　　　　　　　　　　　　　　　　　　　など
排煙設備が不要な場合	・直接に外気にさらされている場合 ・固定式の特殊消火設備が設置されている場合　　など	・高さ31m以下の部分にある居室で、床面積100㎡以内ごとに防煙区画がされている場合　　など

連結散水設備

連結散水設備

　連結散水設備とは、地下での火災の発生に対しても消火活動が可能になるようにする設備です。

　地階や地下街で火災が起こった場合、熱や煙が滞留して消火活動が難しくなります。そのため、消防ポンプ車が外部から送水口を通して送水して、地下の天井に設置してある散水ヘッドからシャワー状の水を放射して消火します。これにより、消防隊が地下に入れなくても消火活動が可能になります。

　散水ヘッドには開放式と閉鎖式の2種類があります。通常は開放式のものが使用されています。開放式のものは放水区域内にあるヘッドから一斉に散水しますが、閉鎖式のものは火災の熱を受けている部分のヘッドからのみ散水を行います。

　散水ヘッドは、天井と天井裏に設置しなければなりません。ただし、天井裏の高さが50cm未満の場合、もしくは天井の仕上げを難然材料でした場合には、天井裏の散水ヘッドを省略できます。また、散水ヘッドの配置については、ヘッドを中心に半径3.7mの円で地階のすべての部分が覆われるように設置しなければなりません。

送水口

　連結散水設備の送水口は双口型送水口にする必要があります。双口型送水口とは、ホースと接続する送水口が2つあるものをいいます。ただし、1つの送水区域に設置する散水ヘッドの数が4個以下の場合には、単口型送水口とすることも可能です。単口型送水口とは、ホースを接続する送水口が1つしかないものをいいます。

　また、送水口の位置は、地盤面の高さから0.5m以上1m以下の部

分に設置する必要があります。もっとも、地盤面からの深さが0.3m以内の部分に設置する（埋め込む）ことも可能です。

送水口には、連結散水設備の送水口であることを表示した標識を設置する必要があります。また、送水口や送水区域を示した系統図も設置しなければなりません。

設置基準と免除

連結散水設備は、以下の場所に設置する必要があります。

① 消防法施行令別表第一（159ページ）の(1)〜(15)に掲げる防火対象物で、地階の床面積の合計が700㎡以上の場合

② 消防法施行令別表第一の（16の2）に掲げる防火対象物（地下街）で、延べ面積が700㎡以上の場合

③ 消防法施行令別表第一の(17)に掲げる防火対象物（文化財）で、地階の床面積の合計が700㎡以上の場合

ただし、スプリンクラー設備、水噴霧消火設備、泡消火設備などを設置した場合、それらの設備の有効範囲内には連結散水設備を設置する必要がありません。また、浴室、便所、エレベーターの昇降路、発電機が設置されている場所などには、連結散水設備の散水ヘッドを設置する必要がありません。

■ 散水ヘッドの配置方法 ………………………………………

散水ヘッドの区分	天井・天井裏の部分から散水ヘッドまでの水平距離	1つの送水区域に接続するヘッドの数
開放型散水ヘッド	3.7m以下	10個以下
閉鎖型散水ヘッド		
閉鎖型スプリンクラーヘッド	耐火建築物：2.3m以下	20個以下
	耐火建築物以外：2.1m以下	

※消防法施行規則30条の3、消防法施行令12条2項2号を基に作成

連結送水管

連結送水管

　連結送水管とは、外部の消防ポンプ車が圧力水を送水し、消防隊の建物内部での消火活動を容易にするための設備です。連結散水設備は地階を対象としているのに対して、連結送水管は地上の高層階を対象としている設備です。

　高層建築物の火災では、ハシゴつきの消防自動車により消火活動が行われますが、これだけでは建物内部からの消火活動が不十分です。建物内部で消火活動を行うには、ホースを伸ばして火災現場まで行く必要がありますが、ホースを担いで火災の発生している高層階まで行くのは時間がかかります。そこで、建物内部に送水管を設置し、消防隊が火災の現場に到着後直ちに注水できるようにしておけば、消火活動を効果的に行うことができます。

　連結送水管には、湿式のものと乾式のものの2種類があります。湿式の連結送水管は常時配水管内に充水されており、乾式の連結送水管は普段は配水管内が空になっています。したがって、乾式の連結送水管は実際に放水ができるようになるまでに時間がかかることから、原則として湿式の連結送水管が用いられています。乾式の連結送水管は水が凍結してしまう寒冷地で用いられます。

　連結送水管は、以下の場所で設置されます。

① 　地上の階数が7階以上の建物
② 　地上の階数が5階以上で、かつ、延べ面積が6000㎡以上の建物
③ 　地下街の延べ面積が1000㎡以上の場合
④ 　道路として用いられる部分がある場合
⑤ 　延長50m以上のアーケード

放水口と送水口の設置基準

　連結送水管の放水口は、階段や非常用エレベーターの乗降ロビーなどの消火活動が行いやすい場所に設置します。放水口の配置は、放水口を中心として、原則として半径50mの円で建物のすべての部分を覆うように設置する必要があります。また、放水口は、３階以上の各階と、地下街の地下の各階に設置します。通常は幅40cm・高さ50cmの鉄製の格納箱に放水口を納めて、その扉に放水口であることがわかる標識を設置します。そして、地上11階以上で、かつ高さが70mを超える建物の連結送水管は湿式とし、加圧送水装置を設置します。

　送水口の位置については、消防ポンプ自動車が簡単に接近できる位置に設置します。また、地盤面から0.5m以上１m以下の位置に送水口を設置して、送水口であることがわかる標識を設置します。さらに、どの送水口から送水しても各放水口で消火活動ができるように、相互に配管で連絡しておきます。なお、送水口は２台の消防ポンプ自動車から同時に送水できるよう、双口型にする必要があります。

■ 放水口の設置距離 ···

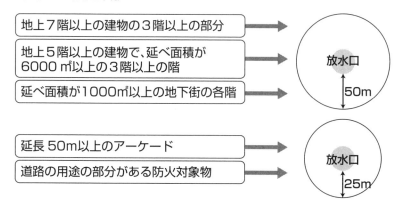

地上７階以上の建物の３階以上の部分

地上５階以上の建物で、延べ面積が6000㎡以上の３階以上の階

延べ面積が1000㎡以上の地下街の各階

放水口　50m

延長50m以上のアーケード

道路の用途の部分がある防火対象物

放水口　25m

非常コンセント設備

非常コンセント設備

　非常コンセント設備とは、高層建築物や地階で消防活動を行う場合に、消防隊が用いる器具の電源の他、排煙機や照明の電源を供給するための設備です。地階を除く階が11以上の階の11階以上の階と、延べ面積が1000㎡以上の地下街に設置します。

　非常コンセントを設置する場所は、消防隊が効果的な消火活動を行える場所です。たとえば、階段や非常用エレベーターの昇降ロビーなどです。非常コンセントは、床面からの高さが1.0m以上1.5m以下の位置に、防火対象物の階の各部分からの距離が50m以下となるように設置しなければなりません。

　また、非常コンセントの供給電源は、単相交流100Vで15A以上の電気が供給されるものでなければなりません。

■ 非常コンセント設備が必要な防火対象物 ························

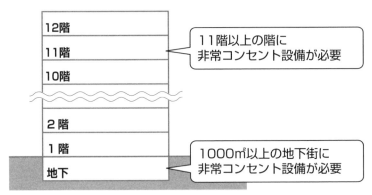

無線通信補助設備

無線通信補助設備

　無線通信補助設備とは、地下街など電波が弱い場所でも消防隊が効果的に消火活動を行うために、無線による交信ができるようにするための設備です。防災センターや地上の消防隊員が、直接、地下街の消防隊員の指揮・命令を執ることができます。地下街での火災が起こった際に、その地下街の消防隊と地上の消防隊が無線交信できるように防災センターに端子を設置し、地下街にアンテナを設置します。

　無線通信補助設備は、同軸ケーブル、漏洩同軸ケーブル、アンテナ、増幅器、無線機接続端子、混合器、分配器などで構成されています。また、地上に設置する端子のことを地上端子といいます。これは保護箱に収納しており、消防隊が効果的に活動できる場所に設置してあります。

　無線通信補助設備は、延べ面積が1000㎡以上になる地下街に設置する必要があります。

■ 保護箱の設置 ···

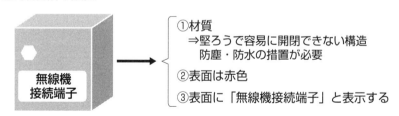

無線機接続端子

①材質
　⇒堅ろうで容易に開閉できない構造
　　防塵・防水の措置が必要
②表面は赤色
③表面に「無線機接続端子」と表示する

※消防法施行規則31条の2の2を基に作成

避難器具

避難器具

避難器具とは、火災発生時、階段などを通って地上に避難できなくなった場合に、建物のバルコニーなどから直接地上などに安全に避難するために使用される器具で、以下の8種類があります。

① **滑り棒**

滑り棒は、垂直方向に固定した棒で、その棒を手や足でつかんだ状態で階下にすべり降りていく避難器具です。鋼材かそれと同等以上の耐久性がある材質で、直径35mm以上60mm以下の円柱状であることが必要です。開口部の大きさは、床面に設ける場合で、直径50cm以上の円が内接する大きさとし、壁面に設ける場合で、高さ80cm以上・幅50cm以上または高さ1m以上・幅45cm以上の大きさとします。

② **避難ロープ**

避難ロープは、上端部を固定して吊り下げたロープで、そのロープを手や足でつかんだ状態で階下にすべり降りていく避難器具です。ロープには、結び目などのすべり止めが施されています。ロープは耐久性がある繊維性のものとします。ロープの太さは直径12mm以上です。開口部の大きさは滑り棒の場合と同じです。なお、滑り棒と避難ロープは2階からの避難にしか使えません。3階以上の階に設置する場合は、下記の③避難はしご以降の避難器具の設置が必要です。

③ **避難はしご**

避難はしごは、火災発生時に防火対象物から脱出するためのはしごのことです。ⓐ防火対象物に固定して設置されている「固定はしご」、ⓑ防火対象物に立てかけて使う「立てかけはしご」、ⓒ防火対象物に吊り下げて使う「吊り下げはしご」の3種類があります。材質は金属製とそれ以外のものがあります。

立てかけはしごは、その上部と下部にすべり止めをつけています。

固定はしご・吊り下げはしごの横さん（避難に際して避難者が手や足をかけるのに使用するもの）は、その使用の際に、防火対象物から10cm以上の距離を保つようにしなければなりません。

4階以上の階に設置する固定はしご・吊り下げはしごは、金属製のものでなければならず、落下防止策がとられていないときは、安全かつ容易に避難することができる構造のバルコニー等に設置しなければなりません。また、固定はしごの降下口は、直径50cm以上の円が内接する大きさでなければなりません。

④　避難用タラップ

避難用タラップは、手すりのついた階段状の避難器具です。使用時以外は下端を持ち上げておく半固定式が多く用いられます。

避難用タラップは、手すり間の有効幅で50cm以上60cm以下、手すりの高さは70cm以上とされています。また、取付部の開口部の大きさは、高さ180cm以上で、かつ、幅は避難用タラップの最大幅以上でなければならず、避難用タラップに向かう間に段差がある場合は、階

■ 避難器具の種類と特徴 ……………………………………………………………

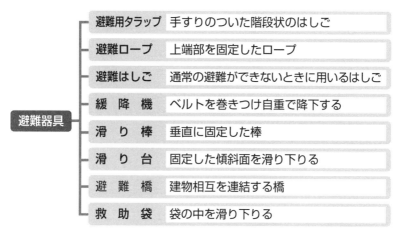

避難器具
- 避難用タラップ　手すりのついた階段状のはしご
- 避難ロープ　上端部を固定したロープ
- 避難はしご　通常の避難ができないときに用いるはしご
- 緩　降　機　ベルトを巻きつけ自重で降下する
- 滑　り　棒　垂直に固定した棒
- 滑　り　台　固定した傾斜面を滑り下りる
- 避　難　橋　建物相互を連結する橋
- 救　助　袋　袋の中を滑り下りる

段やスロープを設置しなければなりません。

⑤　滑り台

　滑り台は直線状やらせん状などの鋼板製などの台で、階下へとすべり降りていく避難器具です。おもに病院や幼稚園でよく利用されています。滑り台の底板の有効幅は40cm以上、底板の勾配は25°以上35°以下、側板の高さは40cm以上、手すりの高さは60cm以上とされています。底板の下端には減速面を設けます。また、取付部の開口部の大きさは、高さ80cm以上で、かつ、幅は滑り台の滑り面部分の最大幅以上でなければならず、滑り台に向かう間に段差がある場合は、階段やスロープを設置しなければなりません。

⑥　緩降機

　緩降機は、防火対象物に固定した滑車にロープを通し、そのロープの一端にあるベルトを身体に巻きつける形で避難者をくくりつけ、避難者本人の体重によりゆっくり降下していく避難器具で、１人ずつ順番に降りていきます。

　緩降機は、原則として、使用の際、壁面からロープの中心までの距離が15cm以上30cm以下になるように設置し、降下空間は、その緩降機を中心とした半径50cmの円柱形に包含される範囲以上確保されていることが必要です。また、降下の際にロープが防火対象物と接触しないように設置します。

⑦　避難橋

　避難橋は、火災発生時に、建物の屋上や途中階から隣の建物へ避難できるように、これらの建物を橋状のもので結んだ避難器具です。固定式と使用時のみ架橋する移動式とがあります。

　避難橋の床面の勾配は５分の１未満とし、床板にはすべり止めが必要です。また、避難橋の手すりの高さは1.1m以上、幅木（巾木）の高さは10cm以上、手すり子の間隔は18cm以下とします。

⑧　救助袋

救助袋は、布製、筒状で、２階以上の階から地上に向けて、その内部をすべり降りることで避難する避難器具です。袋の中がらせん状になっていて真下方向にすべり降りる垂直式救助袋と、約45°の角度で斜めにすべり降りる斜降式救助袋とがあります。

救助袋は、避難上支障がなく、かつ、安全な降下速度を保つことができる長さであることが求められます。また、構造や材質、強度についても基準が定められています。

避難器具の設置

防火対象物への避難器具の設置基準は、防火対象物の種類ごとに規定されています。ただし、場所によっては以下のように一定のルールに従って避難器具を設置する必要があります。

・**特定一階段等防火対象物（屋内階段が１つしかなく、地階または３階以上の階に店舗や遊技場その他の特定用途部分がある建築物）やその部分に設置する避難器具**

ⓐ安全かつ容易に避難できる構造のバルコニー等に設置するもの、ⓑ常時、容易かつ確実に使用できる状態で設置するもの、ⓒ１動作で容易かつ確実に使用できるもの、のいずれかでなければなりません。

・**避難器具（滑り棒、避難ロープ、避難用タラップ、避難橋を除く）を設置する開口部**

避難上支障のない場合を除き、相互に同一垂直線上にはない位置にしなければなりません。

・**特定一階段等防火対象物の避難器具設置等場所（避難器具を設置したり、格納したりする場所）の出入口**

その出入口の上部かすぐ近くに、避難器具設置等場所であることが容易にわかる手段を講じなければなりません。

避難器具設置等場所には、避難器具である旨と避難器具の使用方法とを表示する標識を、見やすい箇所に設置しなければなりません。特

定一階段等防火対象物の避難器具設置等場所がある階のエレベーターホールや階段室等の出入口付近の見やすい箇所に、避難器具設置等場所を明示した標識を設置しなければなりません。

避難器具の設置が不要になる場合

以下の5つのケースでは、避難器具の設置は不要です。

・ケース1（消防法施行規則26条5項1号）

消防法施行令別表第一（159ページ）の(1)〜(8)に掲げる防火対象物については、以下の①〜⑥をすべて満たす階には、避難器具を設置する必要がありません。

① 主要構造部が耐火構造である

② 開口部に防火戸を設ける耐火構造の壁や床で区画されている

③ ②の区画された部分の収容人員が、避難器具の設置基準（消防法施行令25条）における防火対象物の種類・階ごとの収容人員の数値未満である

④ 壁や天井の室内側の仕上げを準不燃材料で行っているか、またはスプリンクラー設備がその階の主たる用途に供するすべての部分に技術上の基準に従って設置されている

⑤ 直通階段を避難階段または特別避難階段としている

⑥ バルコニー等が避難上有効に設置されているか、または相互に隔った位置に2つ以上の直通階段が設けられ、かつ、当該階のあらゆる部分から2つ以上の別ルートで2つ以上の直通階段に到達できる

また、(9)〜(11)に掲げる防火対象物については、上記①・④・⑤・⑥をすべて満たす階には、避難器具の設置が必要ありません。(12)・(15)に掲げる防火対象物については、上記①・⑤・⑥をすべて満たしている階には、避難器具の設置が必要ありません。

・ケース2（消防法施行規則26条5項2号）

主要構造部が耐火構造で、居室の外気に面する部分にバルコニー等

が避難上有効に設置されており、かつ、そのバルコニー等から地上に通じる階段等の避難のための設備もしくは避難器具が設置されているか、または他の建築物に通じる避難設備もしくは避難器具が設置されている階には、原則として、避難器具の設置が必要ありません。

・ケース３（消防法施行規則26条５項３号）

　主要構造部が耐火構造で、収容人員が30人未満で、居室や住戸から直通階段に直接通じており、その居室や住戸のその直通階段に面する開口部には特定防火設備である防火戸（防火シャッターを除く）が設置されている階には、避難器具の設置が必要ありません。

　その際、防火戸は、随時開くことが可能な自動閉鎖装置つきの防火戸であるか、または随時閉鎖することが可能な煙感知器と連動して閉鎖する防火戸であって、直接手で開くことが可能な一定の大きさの自動的に閉鎖する部分を有する防火戸でなければなりません。

・ケース４（消防法施行規則26条６項）

　小規模特定用途複合防火対象物（消防法施行令別表第１(16)イに掲げる防火対象物のうち、特定用途に供される部分の床面積の合計がその部分が存在する防火対象物の延べ面積の10分の１以下、かつ、300㎡未満であるもの）にある階で、①下階に消防法施行令別表第一(1)〜(2)ハまで、(3)、(4)、(9)、(12)イ、(13)イ、(14)、(15)の用途に供される部分がない場合、②その階から避難階または地上に直通する階段が２つ以上ある場合、③収容人員が20人未満（防火対象物によっては30人未満）の場合には、避難器具の設置が必要ありません。

・ケース５（消防法施行規則26条７項）

　主要構造部を耐火構造とした建築物で、消防法施行令別表第一(2)、(3)、(7)〜(12)、(15)の用途に供する階で、屋上広場の直下階にあたり、かつ、その階からその屋上広場に通じる避難階段または特別避難階段が２つ以上設置されている場合には、避難器具の設置が必要ありません。

　ただし、その屋上広場は、面積が1500㎡以上で、屋上広場に面する

窓と出入口に特定防火設備である防火戸が設置されており、屋上広場から避難階または地上に通じる直通階段で、一定の避難階段または特別避難階段その他の避難設備または避難器具が設置されているものでなければなりません。

避難器具の必要設置個数を設置基準の本来の個数よりも少なく設定できる場合

以下の4つのケースでは、避難器具の必要設置個数は、設置基準の本来の個数よりも少なく設定されます。

① **主要構造部が耐火構造の階で、避難階または地上に通ずる直通階段で、避難階段か特別避難階段が2つ以上設置されているケース**

避難器具の必要設置個数の算定基準を緩和することで、設置基準の本来の必要設置個数よりも少なく設定されます。具体的には、本来の避難器具の必要設置個数について、「その階の収容人員が100人以下の場合は1個以上で、以後は収容人員が100人まで増えるごとに必要設置個数が1個ずつ増えます」となっている規定の「100人」を「200人」のように本来の収容人員の倍読みを行います。

② **建築基準法施行令120条、121条、122条により必要とされる直通階段で、一定の避難階段か特別避難階段が設置されているケース**

その階に設置する避難器具の必要個数は、設置基準の本来の必要設置個数や上記のケース①で算出された個数から、避難階段と特別避難階段の数を引いた数になります。数値が0以下になった場合は、避難器具を設置しなくてかまいません。

③ **主要構造部が耐火構造の防火対象物で、その階に渡り廊下が設置されているケース**

その渡り廊下が設けられている階に設置する避難器具の必要個数は、設置基準の本来の必要設置個数や上記のケース①、ケース②で算出された個数から、その階の渡り廊下の数の2倍の数を引いた数になります。ただし、その渡り廊下は耐火構造か鉄骨造で、渡り廊下の両端の

出入口に自動閉鎖装置つきの特定防火設備である防火戸（防火シャッターを除く）が設置されていなければならず、また、渡り廊下は避難、通行、運搬以外の用途に利用されるものであってはなりません。

④　**主要構造部を耐火構造とした防火対象物で、屋上広場に避難橋が設置され、屋上広場の直下階から屋上広場に通じる避難階段か特別避難階段が２つ以上設置されているケース**

　その屋上広場の直下階に設置する避難器具の必要個数は、設置基準の本来の必要設置個数や上記のケース①、ケース②、ケース③で算出された個数から、避難橋の数の２倍の数を引いた数になります。ただし、その屋上広場は、有効面積が100㎡以上あり、屋上広場に面する窓や出入口に特定防火設備である防火戸が設置されており、その出入口から避難橋に至る経路は避難上支障がないものであり、避難橋に至る経路に設けられている扉等は避難のときに容易に開閉できるものでなければなりません。

■ 避難器具の個数減ができる場合

主要構造部を耐火構造とし、避難階段・特別避難階段を複数設置した場合	→ 避難器具の設置個数を求める際の人数基準を２倍にできる
避難階段・特別避難階段を設置した場合	→ 必要な避難器具の数から、避難階段等の数を引いた数にできる
耐火建築物の間に渡り廊下を設置し、出入口を防火戸とするといった措置を講じた場合	→ 渡り廊下が設置されている階は、避難器具の個数を渡り廊下の数の２倍だけ減らすことができる
耐火建築物の屋上広場に避難橋を設置し、屋上広場へ通じる避難階段や特別避難階段が設置されている場合	→ 屋上広場のすぐ下の階に限り、避難器具の個数を避難橋の数の２倍だけ減らすことができる

誘導灯や誘導標識

誘導灯や誘導標識

　不特定多数が出入りする建物などでは、火災発生時に人々が安全に避難できるように適切に誘導しなければなりません。誘導灯や誘導標識は、その目的で避難経路に設置される案内標識です。誘導灯は緑色の灯火を利用するもので、停電時や屋内に煙が充満して視界が遮られたときにも、避難経路の案内に効果があります。これに対し、誘導標識は灯火がなく、停電時などには効果がありません。

誘導灯の種類とシンボル・文字・色彩のルール

　誘導灯は、その設置場所に応じて、避難口の上部またはすぐ近くに設置する「避難口誘導灯」、廊下・階段・通路などに設置する「通路誘導灯」、客席の通路部分に設置する「客席誘導灯」があります。

　通路誘導灯のうち「室内通路誘導灯」「廊下通路誘導灯」は、避難の方向を表示します。「階段通路誘導灯」は、避難経路となる階段や傾斜路の床面の照度を確保します。また、客席誘導灯は、避難の際に客席の床面に照度を確保するためのものです。

　誘導灯のシンボル、文字、色彩は、規格が統一されています。

ⓐ　避難口であることを示すシンボルは、ドアを駆け抜けて出ていく人の図です。

ⓑ　避難方向を示すシンボルは、左右どちらかの方向の矢印です。

ⓒ　避難口であることを示す文字は、「非常口」と「EXIT」という言葉が上下に並べて書かれたものに統一されています。

　避難口誘導灯は、緑色の地にⓐを表示します。白色の色彩のⓑやⓒを併記してもかまいません。通路誘導灯は、白色の地に緑色の色彩のⓑを表示します。緑色の色彩のⓐやⓒを併記してもかまいません。

設置基準

　誘導灯・誘導標識の設置基準は、防火対象物の種類ごとに定められています。以下、それぞれの設置基準について説明します。

　まず、避難口誘導灯および通路誘導灯については、消防法施行令別表第一（159ページ）の(1)〜(4)、(5)イ、(6)、(9)、(16)イ、（16の２）、（16の３）に掲げる防火対象物の場合、すべての階に設置しなければなりません。(5)ロ、(7)、(8)、(10)〜(15)、(16)ロに掲げる防火対象物の場合、地階、無窓階、11階以上の部分に設置しなければなりません。

　次に、客席誘導灯については、消防法施行令別表第一の(1)に掲げる防火対象物と、(16)イ、（16の２）に掲げる防火対象物のうち(1)の用途に利用される部分とに設置しなければなりません。

　そして、誘導標識については、原則として(1)〜(16)の防火対象物に設置しなければなりません。ただし、避難口誘導灯または通路誘導灯を設置したときは、誘導灯の有効範囲内の部分は誘導標識の設置が必要ありません。

　なお、以下の@、ⓑの防火対象物に避難口誘導灯や通路誘導灯を設置する場合、避難口誘導灯については、A級かB級の区分のもので、かつ、表示面の明るさが20カンデラ以上か点滅機能を有するものでなければなりません。また、通路誘導灯については、A級かB級の区分のもので、かつ、表示面の明るさが25カンデラ以上のものでなければなりません。

@　消防法施行令別表第一の(10)、（16の２）、（16の３）に掲げる防火対象物

ⓑ　消防法施行令別表第一の(1)〜(4)、(9)イに掲げる防火対象物の階か、または(16)イに掲げる防火対象物の階のうち(11)〜(14)、(19)イの用途に供される部分を含む階で、その床面積が1000㎡以上のもの

免除や緩和規定がある

　消防法施行令別表第一（159ページ）(1)～(16)に掲げる防火対象物の階については、以下の設置免除規定が定められています。

　まず、居室の各部分から主要な避難口を簡単に見通し、かつ、識別する（見分ける）ことができる階で、その避難口に至る歩行距離が10m以下（避難階の場合は20m以下）である部分などには、避難口誘導灯を設置する必要がありません。

　次に、居室の各部分から主要な避難口またはその避難口に設置する避難口誘導灯を簡単に見通し、また、識別することができる階で、その避難口に至る歩行距離が30m以下（避難階の場合は40m以下）である部分などには、通路誘導灯を設置する必要がありません。

　そして、居室の各部分から主要な避難口を簡単に見通し、かつ、識別することができる階で、その避難口に至る歩行距離が30m以下である部分などには、誘導標識を設置する必要がありません。

■ 誘導灯の平均輝度

電源の区別	誘導灯の区別		平均輝度【カンデラ／㎡】
常用電源	避難口誘導灯	A級	350以上　800未満
		B級	250以上　800未満
		C級	150以上　800未満
	通路誘導灯	A級	400以上 1000未満
		B級	350以上 1000未満
		C級	300以上 1000未満
非常電源	避難口誘導灯		100以上　300未満
	通路誘導灯		150以上　400未満

※消防庁告示「誘導灯及び誘導標識の基準」を基に作成

非常用の照明装置との関係

「非常用の照明装置」は、建築基準法施行令により規定される設備です。停電時に自動的に点灯し、直接照明で床面で1ルクス以上の照度を確保し、避難を容易にします。誘導灯や誘導標識とは異なり、避難方向は示しません。また、普段は消灯しています。

避難口誘導灯と通路誘導灯の性能・設置箇所

避難口誘導灯と通路誘導灯は、表示面の大きさや明るさにより、A級（大型）、B級（中型）、C級（小型）に分類されます。

避難口誘導灯、通路誘導灯については、A級、B級、C級ごとに、表示面の縦寸法、表示面の明るさ（平均輝度と表示面の面積の積）、有効範囲などが法令で定められています。たとえば、避難方向を示すシンボルのあるA級の避難口誘導灯では、表示面の縦寸法は40cm以

■ 誘導灯の有効範囲 ……………………………………………………

区分			有効範囲（①または②を満たす場合）		
			①距離(m)	kの値	②歩行距離 D(m)
避難口誘導灯	A級	避難方向示すシンボルなし	60以下	150	歩行距離D=表示面の縦寸法 h(m) × 左表のkの値
		避難方向示すシンボルあり	40以下	100	
	B級	避難方向示すシンボルなし	30以下	150	〈算定例〉
		避難方向示すシンボルあり	20以下	100	(1) 避難口誘導灯A級（避難方向示すシンボルあり）・h=0.8m・k=100 ⇒D=0.8×100=80m
	C級	避難方向示すシンボルなし	15以下	150	
通路誘導灯	A級		20以下	50	(2) 通路誘導灯C級・h=0.5m・k=50 ⇒D=0.5×50=25m
	B級		15以下		
	C級		10以下		

※消防法施行規則28条の3を基に作成

上、表示面の明るさは50カンデラ以上と規定されています。したがって、その有効範囲は、40m以下か、「表示面の縦寸法」（m）に100を掛けた数値のいずれかの数値の距離以下になります（前ページ図）。

　避難口誘導灯は、各階ごとに、次のⓐ～ⓓの避難口の上部かすぐ近くの避難上有効な箇所に設置しなければなりません。

ⓐ　屋内から直接地上へ通じる出入口

ⓑ　直通階段の出入口

ⓒ　ⓐⓑに通じる廊下や通路に通じる出入口

ⓓ　ⓐⓑに通じる廊下や通路に設置する、直接手で開くことができる防火戸（防火扉）

　また、避路誘導灯は、各階ごとに、避難口までの経路上に設置しなければなりません。さらに、曲がり角にも必ず設置しなければなりません。そして、廊下と通路の全部分が、避難口誘導灯と通路誘導灯の有効範囲内に含まれるようにしなければなりません。

避難口誘導灯と通路誘導灯の点灯と消灯

　避難口誘導灯と通路誘導灯は常時点灯するようにしなければなりません。ただし、ⓐその防火対象物が無人である場合、ⓑ自然光によって避難口や避難方向を見分けられる場所に設置する場合、ⓒ利用形態のために特に暗さが必要である場所に設置する場合、ⓓ主としてその防火対象物の関係者と関係者に雇用されている者が使用する場所に設置する場合、のいずれかに該当するときは消灯することができます。

　もっとも、ⓐ～ⓓの場合でも、自動火災報知設備の感知器の作動と連動して点灯し、かつ、その場所の利用形態に応じて点灯するようにしなければなりません。

その他の誘導灯の機能

　その他の誘導灯の機能としては、自動火災報知設備の感知器の作動

と連動して起動する「点滅機能」や「音声誘導機能」があります。

ただし、点滅機能や音声誘導機能は、ⓐ屋内から直接地上へ通じる出入口、ⓑ直通階段の出入口、のいずれかの避難口誘導灯以外の誘導灯に装備してはなりません。また、それらの機能を有する誘導灯を設置した避難口から避難する方向に設置されている自動火災報知設備の感知器が作動したときは、その避難口に設置された誘導灯の点滅と音声誘導が停止するようになっていなければなりません。火災発生場所の方に向けて誘導してしまう可能性があるためです。

誘導灯の非常電源について

誘導灯の非常電源は、原則として、直交変換装置を有しない蓄電池設備によるものでなければなりません。非常電源の容量は、誘導灯を有効に20分間以上点灯できる容量以上が必要です。

ただし、避難を完了するのに長時間を要する大規模または高層などの防火対象物の主要な避難経路に設置するものについては、有効に60分間以上点灯できる容量以上が必要になります。

誘導標識について

誘導標識は、避難口である旨や、避難方向を表示する緑色の標識のことです。誘導標識は、多くの人の目に触れやすく、かつ、採光が識別上十分である箇所に設置しなければなりません。誘導標識の周囲には、誘導標識とまぎらわしい、または誘導標識をさえぎる広告物、掲示物等を設置してはなりません。

また、廊下や通路の各部分からいずれかの誘導標識までの歩行距離が7.5m以下となるように設置しなければなりません。さらに、曲り角にも設置する必要があります。

巻末　事業所に関する主な消防法の届出

事業開始前にする届出

　会社などの事業所や飲食店などを経営する事業者は、開業前に、以下の届出をしなければなりません。届出を怠った場合には、消防法に基づく命令や罰則を受ける場合があります。また、消防用設備等の未設置など消防法令に関する重大な違反が確認された場合には、建物名や違反の内容などを公表されることがあります。

① **消防用設備等（特殊消防用設備等）設置届出書（254ページ）**

　建物に消防用設備等を設置したときに必要な届出（消防法第17条の３の２）です。建物の用途や規模に応じて消防法令上の設置義務がある消防用設備等を設置した場合に届出をする必要があります。設置後は４日以内に管轄消防署への届出が必要です。原則として、届出後は消防署の検査を受ける必要があります。

　その他には、建物の建築後、改装工事後、テナント入れ替え後に、届出が必要になります。もともと設置されていた設備を改修した場合も、届出をする必要があります。

　届出をする必要があるのは、法令上は「消防用設備等を設置した関係者」（一般的に消防用設備等の所有者ですが、建物の所有者、テナントの占有者など、状況に応じて変わります）です。

② **防火対象物使用開始届出書（255ページ）**

　建物や建物の一部をこれから使用しようとする者は、使用を始める７日前までに、その内容を消防署に届け出なければなりません。防火対象物の工事等計画の届出を行った場合についても防火対象物使用開始の届出が必要です。届出先は防火対象物を管轄する消防署になります。

③ **防火・防災管理者選任（解任）届出書 ／ 消防計画作成（変更）届出書**

防火・防災管理者を選任（解任）する場合に管轄の消防署に提出する届出書です。防火・防災管理者に選任された者は、消防計画を作成し、管轄消防署に届け出る義務があります。

④　**工事整備対象設備等着工届出書**

「甲種消防設備士だけが工事できる消防用設備等」の設置工事の前に必要な届出です。工事に着手しようとする10日前までに管轄消防署に届出する必要があります。

⑤　**火を使用する設備等の設置（変更）届出書**

建物内外に一定規模以上の炉、こんろ、ボイラー等（火を使用する設備）を設置するときに必要な届出です。設置する7日前までに管轄消防署に届出する必要があります。また、届出後、原則として管轄の消防署の検査を受ける必要があります。

事業開始後

①　**防火対象物（防災管理）点検結果報告書**

大規模な防火対象物の管理について権原を有する者は、防災管理点検資格者に建物の地震対策等の災害時に必要となる事項について1年に1回点検をさせ、その結果を管轄の消防署長に報告しなければなりません。点検報告の義務のある人は点検が必要な対象物の各管理権原者です。点検報告の期間は1年に1回点検を実施し、管轄する消防署又は出張所に報告する必要があります。点検報告の基準となる日は、防災管理点検対象物の建物（事業所）の管理を開始した日です。

②　**消防用設備等点検結果報告書**

消防用設備等点検結果報告とは、消火器やスプリンクラー設備、自動火災報知設備などの消防用設備が火災の際に正常に作動しないと人命にかかわることから、定期的に点検し、建物を管轄する消防署へ報告する制度です。

別記様式第１号の２の３（第31条の３関係）

消防用設備等（特殊消防用設備等）設置届出書

〇〇 年 〇〇 月 〇〇 日

東京消防庁
　　〇〇 消防署長　殿

届　出　者

住　所　東京都千代田区大手町〇－〇－〇

氏　名　東消株式会社　代表取締役 消防 太郎

　下記のとおり、消防用設備等（特殊消防用設備等）を設置したので、消防法第17条の３の２の規定に基づき届け出ます。

記

設置者	住　　　　所	東京都千代田区大手町〇－〇－〇　電話03（〇〇〇〇）〇〇〇〇
	氏　　　　名	東消株式会社　代表取締役　消防　太郎

防火対象物	所　在　地	東京都千代田区大手町〇－〇－〇
	名　　　称	東京消防ビル
	用　　　途	(15) 項（事務所）
	構　造、規　模	耐火　造地上　5　階地下　1　階 床面積　　　m²　延べ面積　6,000　m²

消防用設備等（特殊消防用設備等）の種類	自動火災報知設備

工　事	種　　　別		新設 増設、移設、取替え、改造、その他（　　　　）		
	施工者 住所 氏名	住　所	東京都千代田区丸の内〇－〇－〇　電話03（〇〇〇〇）〇〇〇〇		
		氏　名	〇〇株式会社　代表取締役　△△　△△		
	消防設備士	住　所	東京都千代田区丸の内〇－〇－〇		
		氏　名	〇〇株式会社　□□　□□		
		免状	種 類 等	交付知事	交付年月日	講習受講状況
					交付番号	受講地	受講年月
			甲・乙 種 4 類	東京 都道府県	〇〇〇〇	東京 都道府県	00年00月

完　成　年　月　日	00年00月00日

受　付　欄※	決　裁　欄※	備　　考※

備考　1　この用紙の大きさは、日本産業規格Ａ４とすること。
　　　2　消防用設備等設計図書又は特殊消防用設備等設計図書は、消防用設備等又は特殊消防用設備等の種類ごとにそれぞれ添付すること。
　　　3　※欄には、記入しないこと。

（出典：東京消防庁ホームページ）

第3号様式の2（第12条の2関係）

防火対象物使用開始届出書

○○ 年○○月○○日

東京消防庁
　○○ 消防署長　殿

届出者
　住　　所　東京都千代田区大手町1－○－○
　　　　　　電話　03（○○○○）○○○○
　氏　　名　東消株式会社 代表取締役 消防　太郎

　下記のとおり、防火対象物又はその部分の使用を開始したいので、火災予防条例第56条の2第1項の規定に基づき届け出ます。

記

<table>
<tr><td rowspan="11">防火対象物の概要</td><td rowspan="6">建物</td><td>所 在 地</td><td colspan="2">東京都千代田区大手町1－○－○</td></tr>
<tr><td>名　称</td><td colspan="2">東京消防ビル</td></tr>
<tr><td>構　造</td><td colspan="2">☑耐火　□準耐火（□イ・□ロ-1・□ロ-2）　□防火
□木造　□その他（　　　　　　　　　　　　　　）</td></tr>
<tr><td>階　層</td><td colspan="2">地上　5　階　・　地下　1　階</td></tr>
<tr><td>面　積</td><td colspan="2">建築面積　　　　　㎡　延べ面積　1,000　㎡</td></tr>
<tr><td>用　途</td><td colspan="2">（16）項　（特定用途複合　　　　　　　　　）</td></tr>
<tr><td rowspan="4">事業所</td><td>名　称</td><td colspan="2">東消カフェ
電話 03（○○○○）○○○○</td></tr>
<tr><td>事業所のある階</td><td colspan="2">2　階</td></tr>
<tr><td>床 面 積</td><td colspan="2">150 ㎡</td></tr>
<tr><td>用　途</td><td colspan="2">（ 3 ）項　（飲食店　　　　　　　　　　　　）</td></tr>
<tr><td colspan="2" rowspan="2">工事等種別</td><td>建物の場合</td><td>□新築　□増築　□改築　□用途変更　□移転
□模様替え　□修繕　□その他（　　　　　　　）</td></tr>
<tr><td>事業所の場合</td><td>その他（事業所入居に伴う間仕切り変更工事）</td></tr>
<tr><td colspan="3">工事等開始日</td><td>○○ 年○○月○○日　　　使用開始日　　　　○○ 年○○月○○日</td></tr>
<tr><td colspan="2">設　計　者</td><td>株式会社○○○○</td><td>担当　○○　○○
電話 03（○○○○）○○○○</td></tr>
<tr><td colspan="2">施　工　者</td><td>株式会社○○○○</td><td>担当　○○　○○
電話 03（○○○○）○○○○</td></tr>
<tr><td colspan="3">※　受　付　欄</td><td>※　経　過　欄</td></tr>
<tr><td colspan="3"></td><td></td></tr>
</table>

備考　1　届出者が法人の場合、氏名欄には、その名称及び代表者氏名を記入すること。
　　　2　同一敷地内に管理権原が同一である2以上の防火対象物がある場合は、主要防火対象物のみ本届出書とし、他は防火対象物の概要欄を別紙として防火対象物ごとに作成し、添付することができる。
　　　3　事業所欄は、事業所に関する届出の場合に記入すること。
　　　4　防火安全技術講習修了者が本届出書の内容について消防関係法令に適合しているかどうかを調査した場合は、修了証の写しを添付すること。
　　　5　石油機器技術管理講習修了者が地震動等により作動する安全装置を設けることとされている設備又は器具を設置（変更）する場合は、修了証の写しを添付すること。
　　　6　※欄には、記入しないこと。

（出典：東京消防庁ホームページ）

【監修者紹介】

木島　康雄（きじま　やすお）

1964年生まれ。京都大学法学部卒業。専修大学大学院修了。予備試験を経て司法試験合格。弁護士（第二東京弁護士会）、作家。過去40冊以上の実用書の公刊、日本経済新聞全国版でのコラム連載と取材の他、多数の雑誌等での掲載歴あり。現在、旬刊雑誌「税と経営」にて、300回を超える連載を継続中。作家としては、ファンタジー小説「クラムの物語」（市田印刷出版）を公刊。平成25年、ラブコメディー「恋する好色選挙法」（日本文学館）で「いますぐしよう！作家宣言２」大賞受賞。平成30年7月には「同級生はＡＶ女優」（文芸社）、令和4年4月には「認知症尊厳死」（つむぎ書房）同年10月には「真、桶狭間」（文芸社）を発表。

弁護士実務としては、相続、遺言、交通事故、入国管理、債権回収、債務整理、刑事事件等、幅広く手がけている。

主な監修書として、『図解で早わかり 改訂新版 刑法のしくみ』『図解で早わかり 行政法のしくみ』『小さな事業者【個人事業主・小規模企業】のための法律と税金 実務マニュアル』（小社刊）などがある。

木島法律事務所

〒134-0088　東京都江戸川区西葛西6丁目12番7号　ミル・メゾン301
TEL：03-6808-7738　FAX：03-6808-7783

すぐに役立つ
図解とＱ＆Ａでわかる
建築基準法・消防法の法律知識

2024年1月30日　第1刷発行

監修者	木島康雄
発行者	前田俊秀
発行所	株式会社三修社
	〒150-0001　東京都渋谷区神宮前2-2-22
	TEL　03-3405-4511　FAX　03-3405-4522
	振替　00190-9-72758
	https://www.sanshusha.co.jp
	編集担当　北村英治・斎藤俊樹
印刷所	萩原印刷株式会社
製本所	牧製本印刷株式会社

©2024 Y. Kijima Printed in Japan
ISBN978-4-384-04932-9 C2032